초등
문해력
한자
어휘가
답!

3단계

서사원주니어

들어가는 말

아이들과 교실에서 수업하다 보면 "선생님, 이 단어는 무슨 뜻이에요?"라는 '어휘' 질문을 가장 많이 받습니다. 어휘를 모르면 교과서 속 글 전체의 내용을 이해하지 못하고 어렵지 않은 글에도 지레 겁을 먹게 됩니다. 더 읽고 싶은 생각도 없어져 글 읽는 것 자체를 포기하기도 하지요.

글을 읽고 이해하는 힘, 즉 문해력의 기초 중 기초는 글을 이루고 있는 어휘를 아는 것입니다. 그런데 우리 어휘의 70퍼센트 가량은 한자어가 차지하고 있습니다. 기본 한자만 알고 있다면 새로운 어휘를 배우고 뜻을 유추하기가 훨씬 쉬워진다는 의미지요.

한자 어휘를 배우기 위해 한자를 열 번씩 따라 쓸 필요는 없습니다. 한자의 기본 뜻과 음만 배워도 새로운 어휘가 나왔을 때 어떤 뜻일지 유추할 수 있는 능력이 길러집니다. 한자를 위한 한자 공부가 아닌 우리 '어휘' 확장으로 이루어질 수 있는 한자 공부 방법을 알려 드리겠습니다.

초등 교사 박명선 드림

이 책의 특징

1. 한자를 한 번도 쓰지 않는 한자 책

평소 우리가 글을 읽을 때 한자를 그대로 읽거나 쓸 일은 거의 없습니다. 익숙하지 않은 한자를 쓰는 것보다 '수제'의 '수(手)'가 '손'과 관련된 뜻이라는 것을 알면 '수화', '박수', '수건'에 쓰이는 '수'가 모두 '손'과 관련된 어휘라는 것을 알 수 있습니다.

2. 꼬리에 꼬리를 무는 어휘 확장

한자 한 글자당 단어 4개와 각 단어별 파생 단어를 함께 배웁니다. '입 구(口)'에서 '인구' – '출구' – '창구'를 연결해서 배우는 것이지요. 단어들은 초등학교 교과서와 활용도 높은 실생활 어휘들 중 선별하였습니다. 한자 한 글자에 관련된 어휘 12개를 배우며 저절로 '어휘 확장'이 됩니다. 새로운 단어 '구음', '구호'를 만났을 때 겁내지 않고 뜻을 유추할 수 있다면 잘 공부한 것입니다.

3. 그림으로 만나고 퀴즈로 익히는 4단계 학습

1. 글자 만나기 – 2. 어휘 만나기 – 3. 뜻 익히기 – 4. 어휘 늘리기로 이어지는 흐름 속에서 자연스럽게 한자의 뜻과 음, 단어의 쓰임을 반복하여 익힙니다. 쉽고 발랄한 직관적인 구성으로 한자 어휘를 실생활과 학습에 자유자재로 사용할 수 있게 하는 구성입니다.

이렇게 활용하세요

▣ 3학년부터 6학년까지!

3권은 초등학교 4, 5학년 학생이 학습할 수 있는 수준으로 구성되었습니다. 학년이 올라갈수록 교과서에서 나오는 어휘의 뜻을 이해하지 못해 수업에 어려움을 겪는 친구들이 많습니다. 사회, 과학 시간뿐 아니라 음악, 미술, 국어 등 모든 교과 시간에 새롭게 접하는 어휘들이 점점 더 많아집니다. 한자를 통해 뜻과 음을 이해한다면 훨씬 쉽게 단어의 뜻을 알고 교과서 내용을 받아들일 수 있습니다. 지금 배우는 한자 어휘로 교과서 속 어휘를 다시 한 번 생각하고 뜻을 유추해 보며 공부하세요. 1권은 3학년, 2권은 3, 4학년 학생을 대상으로 하고 있으나, 부족한 어휘를 보충하기 위해서는 누구나 1권부터 시작하기를 권합니다.

▣ 뜻과 음을 소리 내어 말하기

하루 4쪽을 학습하는 동안 한자의 음에 ○표 하기, 뜻에 ○표 하기, 문장 속에서 단어 쓰기, 단어의 뜻 찾기 등의 활동으로 같은 한자의 뜻과 음을 여러번 반복하여 익힙니다. 단원이 끝나는 순간 입으로 저절로 '손 수'를 말하게 되는 것은 물론 '수공', '악수', '수동'의 '수'가 '손'을 뜻한다는 것을 알게 되지요. 다양한 단어 속 '수'가 '손'이라는 공통된 뜻을 가진다는 것을 알게 되면, 책에 나오지 않은 단어 속에서도 '손'의 뜻을 가진 '수'를 찾아보는 것은 어떨까요?

▣ 같은 소리, 다른 뜻 구별하기

같은 '수'이지만 '손'의 뜻을 가지는 '수'도 있고, '숫자'나 '물'을 의미하는 '수'도 있습니다. 글을 읽고 어휘의 뜻을 유추할 때 '수'라고 해서 무조건 '손'이 아니라 앞뒤의 문맥과 상황에 따라 다를 수 있음을 경험해 봅니다. 재미있는 활동에서 '수건', '생수', '음료수', '악수' 중 뜻이 다른 '수'를 찾는 활동을 통해 어휘 뜻을 유추할 수 있는 능력을 키울 수 있을 것입니다.

이 책의 구성

1 글자 만나기

단어들의 공통 글자에 ○표 하고, 빈칸에 큼직하게 쓰면서 오늘의 글자를 만나 보세요.

그림과 함께 한자 모양의 유래를 배우고 쓰임도 알아봅니다.

2 어휘 만나기

단어별 연계 어휘를 직관적으로 만나고, 강조 색으로 표시된 한자의 뜻에 유의하며 단어의 뜻을 알아봅니다.

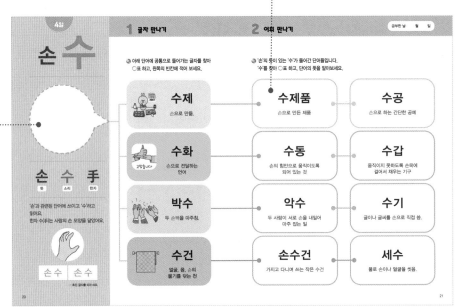

3 뜻 익히기

단어를 써 보고, 강조 색으로 표시된 한자의 뜻에 ○표 합니다.

문장에 어울리는 단어를 찾아 넣고, 문장을 완성하는 활동으로 단어 활용 능력도 키워 보세요.

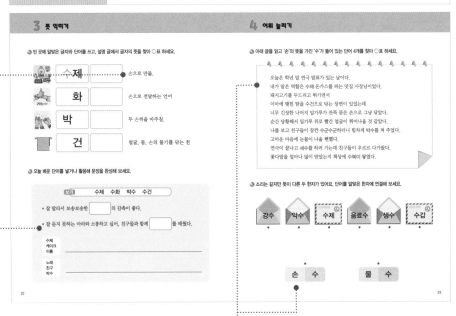

4 어휘 늘리기

재미있는 상황 글에서 뜻이 같은 한자가 쓰인 단어를 찾으며 언어 유추 능력을 키웁니다.

또한 다양한 어휘 확장 놀이로 1일차 학습을 마칩니다.

차 례

1. 신체

2. 의식주

차례

3. 학교

4. 일상

1 신체

다음 글자가 들어가는 단어에는 무엇이 있을까요?
또박또박 읽으면서 떠올려 보세요.

입 **구**

낮 **면**

이름 **명**

손 **수**

마음 **심**

눈 **목**

느낄 **감**

모양 **형**

입구

구

입 구 口
뜻 · 소리 · 한자

'입', '말'과 관련된 단어에 쓰이고
'구'라고 읽어요.
한자 구(口)는 사람의 입 모양을 닮았어요.

입구	입구

• 흐린 글자를 따라 써요.

1 글자 만나기

🍃 아래 단어에 공통으로 들어가는 글자를 찾아
○표 하고, 왼쪽의 흐린 글자를 따라 써 보세요.

구연

입으로 재미있게
말함.

인구

세상 사람들의 입,
어떤 지역에 사는
사람의 수

출구

밖으로 나갈 수 있는
통로

구호

주장이나 생각을
나타내는 짧은 말

'입', '말'의 뜻이 있는 '구'가 들어간 단어들입니다.
'구'를 찾아 ○표 하고, 단어의 뜻을 알아보세요.

구연동화

실감나고 재미있게
말로 들려주는 동화

구두

입으로 하는 말

식구

함께 살면서 밥 먹는 입,
즉 함께 사는 사람

인구밀도

일정한 지역의 단위 면적에 대한
인구수의 비율

항구

배가 드나들도록 만든 시설

창구

안과 밖의 의사소통이 가능하도록
창을 내거나 뚫어 놓은 곳

구음

입으로 내는 소리

구령

말로 내리는 간단한 명령

3 뜻 익히기

✍ 빈 곳에 알맞은 글자와 단어를 쓰고, 설명 글에서 글자의 뜻을 찾아 ○표 하세요.

🐰	구연		ⓘ으로 재미있게 말함.
🦠	인		세상 사람들의 ⓘ 어떤 지역에 사는 사람의 수
🚪	출		밖으로 나갈 수 있는 통로
🐰🐰	호		주장이나 생각을 나타내는 짧은 말

✍ 오늘 배운 단어를 넣거나 활용해 문장을 완성해 보세요.

보기   구연   인구   출구   구호

• 교문 앞에서 친구 사랑 캠페인을 진행하며 한목소리로 [   ]를 외쳤다.

• 저출산으로 인해 [   ]가 줄어들고 있다.

구연
교감 선생님
교실

교감 선생님께서 우리 교실에서 **동화 구연 수업을 하셨다.**

출구
백화점
비상

_____

10

◎ 아래 글을 읽고 '입'의 뜻을 가진 '구'가 들어 있는 단어 5개를 찾아 ○표 하세요.

"하나, 둘! 하나, 둘!"

선생님의 **구령**에 맞추어 아이들이 마을 탐방을 하고 있어요.

배가 가끔씩 오가는 **항구** 마을이라 **인구**가 점점 줄어들고 있지만,

그만큼 학교도 작아 한 **식구**처럼 따뜻한 분위기예요.

선생님께서 뒤돌아보니 승민이가 따라오다 멈추고,

허리를 **구부정**하게 숙인 채 무언가를 바라보고 있어요.

"승민아, 거기서 뭐 해?"

친구의 부름에 승민이는 살며시 손가락을 입에 갖다 댔어요.

"쉿! 조용~"

그리고 보니 나무 틈에 어린 고양이가 끼어 **출구**를 찾지 못하고

야옹거리고 있었어요.

◎ '구'가 들어 있는 단어들입니다. 아래에서 알맞은 글자를 찾아 빈칸에 써 보세요.

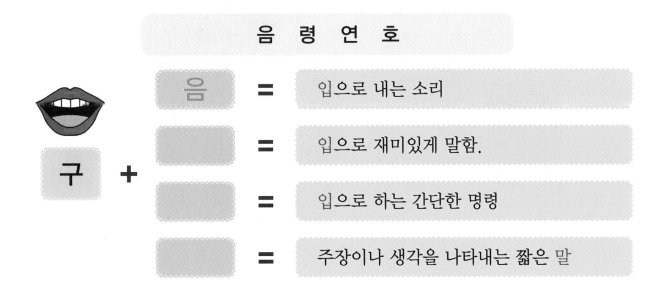

음 령 연 호	
음 =	입으로 내는 소리
구 + ☐ =	입으로 재미있게 말함.
☐ =	입으로 하는 간단한 명령
☐ =	주장이나 생각을 나타내는 짧은 말

낯 면

낯	면	面
뜻	소리	한자

'얼굴', '평평한 바닥'과 관련된 단어에
쓰이고 '면'이라고 읽어요.
한자 면(面)은 사람 얼굴 모양을 닮았어요.

낯 면	낯 면

• 흐린 글자를 따라 써요.

1 글자 만나기

✍ 아래 단어에 공통으로 들어가는 글자를 찾아
○표 하고, 왼쪽의 빈칸에 적어 보세요.

면담

만나서 얼굴 보고
서로 이야기함.

정면

똑바로 마주
보이는 면

표면

사물의
가장 바깥쪽 면

벽면

벽의 겉면

🖌 '얼굴', '평평한 바닥'의 뜻이 있는 '면'이 들어간 단어들입니다.
　 '면'을 찾아 ○표 하고, 단어의 뜻을 알아보세요.

면접

얼굴을 대하고 평가하는 시험

대면

직접 얼굴을 마주 보며 대함.

내면

물건의 안쪽 면

외면

겉에 보이는 면

양면

사물의 두 면, 또는 겉과 안

이면

물체의 뒤쪽 면

화면

그림이나 영상이 나타나는 면

측면

왼쪽이나 오른쪽의 면

🔖 빈 곳에 알맞은 글자와 단어를 쓰고, 설명 글에서 글자의 뜻을 찾아 ◯표 하세요.

면담		만나서 얼굴 보고 서로 이야기함.
정		똑바로 마주 보이는 면
표		사물의 가장 바깥쪽 면
벽		벽의 겉면

🖊 오늘 배운 단어를 넣거나 활용해 문장을 완성해 보세요.

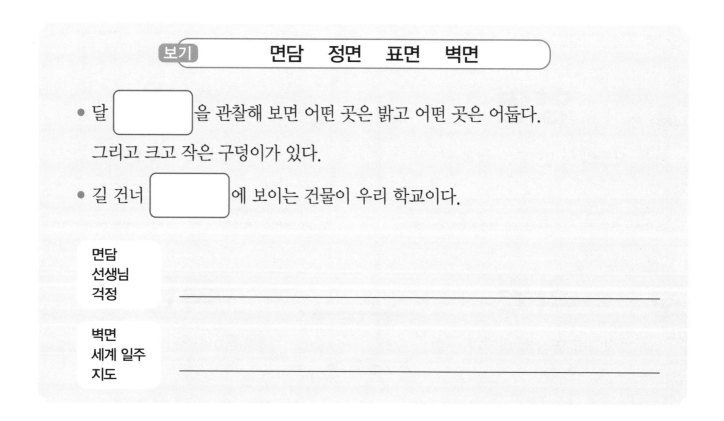

보기   면담   정면   표면   벽면

• 달 [   ]을 관찰해 보면 어떤 곳은 밝고 어떤 곳은 어둡다.
  그리고 크고 작은 구덩이가 있다.

• 길 건너 [   ]에 보이는 건물이 우리 학교이다.

면담
선생님
걱정
_____

벽면
세계 일주
지도
_____

👋 아래 글을 읽고 '얼굴', '평평한 바닥'의 뜻을 가진 '면'이 들어 있는 단어 6개를 찾아 ◯표 하세요.

지수와 희라가 하굣길에서 만났어요.

"희라야, 1층 복도 **벽면**에 붙은 '방송부 모집' 공고 봤어?"

"응, 봤어. 왜? 지수 너, 방송부 하고 싶어?"

"관심은 있는데, 1차 서류 통과한 후 2차에 **면접**이 있대.

나는 사람을 **정면**으로 보고 이야기하는 게 부끄럽단 말이야."

"하하, 그럼 **측면** 보고 이야기하든가.

화면에 나오려면 그런 것쯤 감당해야 하는 거 아니야?"

"나는 아나운서가 아니라 카메라 담당이 되고 싶은데?"

"엄청 활발하고 적극적인 너의 **이면**에 이런 모습이 있다니 의외다.

그래도 도전해 봐. 붙으면 내 덕이니까 **라면**이랑 떡볶이 사라."

👋 '얼굴', '평평한 바닥'을 뜻하는 '면'이 들어간 단어 4개를 찾아 벽면에 연결해 보세요.

측면　　　정면　　　양면　　　쫄면

라면　　　냉면　　　표면

이름 명

이름 명 名
뜻　소리　한자

'이름'과 관련된 단어에 쓰이고
'명'이라고 읽어요.
어두운 저녁(夕)이면 입(口)으로 이름을
불러 자신을 알린 것에서 한자 명(名)이
되었어요.

이름 명	이름 명

• 흐린 글자를 따라 써요.

---

1 글자 만나기

✍ 아래 단어에 공통으로 들어가는 글자를 찾아
○표 하고, 왼쪽의 빈칸에 적어 보세요.

명찰
이름을 적어 달고
다니는 표

유명
이름이 널리
알려져 있음.

서명
자기 이름을 써넣음.

명품
뛰어나거나
이름난 물건

'이름'의 뜻이 있는 '명'이 들어간 단어들입니다.
'명'을 찾아 ○표 하고, 단어의 뜻을 알아보세요.

명단

어떤 일에 관련된 사람들의
이름을 적은 문서

명칭

사람이나 사물을 부르는 이름

유명인

이름이 세상에 널리 알려진 사람

무명

이름이 널리 알려져 있지 않음.

별명

대상의 특징을 나타내도록
지어 부르는 이름

누명

사실이 아닌 일로 이름을
더럽히는 억울한 평판

명작

이름난 훌륭한 작품

명화

아주 잘 그려 이름난 그림

3 뜻 익히기

🖐 빈 곳에 알맞은 글자와 단어를 쓰고, 설명 글에서 글자의 뜻을 찾아 ○표 하세요.

	명찰		이름을 적어 달고 다니는 표
	유		이름이 널리 알려져 있음.
	서		자기 이름을 써넣음.
	품		뛰어나거나 이름난 물건

🖐 오늘 배운 단어를 넣거나 활용해 문장을 완성해 보세요.

보기   명찰   유명   서명   명품

• 이곳은 방송에도 여러 번 소개된, 돈가스로 [   ]한 음식점이다.

• 이모가 [   ] 지갑을 선물로 받았다며 자랑했다.

학년 초 이름 명찰	_____
계약서 동의 서명	_____

🖊 아래 글을 읽고 '이름'의 뜻을 가진 '명'이 들어 있는 단어 5개를 찾아 ◯표 하세요.

영화를 좋아하는 혜리가 친구를 만났어요.

"지난 주말에 가족과 영화를 봤는데, 진짜 **명작**이더라.

처음에는 **유명**한 배우들이 주연이라 본 건데

이야기도 너무 재미있고 음악도 좋았어."

"그 주연 배우 **별명**이 천만 배우잖아. 연기력이 정말 **명품**이지.

내가 좋아하는 액션은 없지만 한번 볼까?"

"응, 꼭 봐. 강력 추천이야! 이번에도 천만 **명**은 보게 될걸?"

"알았어, 네가 그렇게 말하니까 진짜 꼭 봐야겠다.

네가 생각하는 **명장면** 하나만 이야기해 봐."

"안 돼. 직접 가서 봐야 한다니까!"

🖊 '명장면'은 이름난 훌륭한 장면입니다.

🖊 '이름'의 뜻이 있는 단어들입니다. 알맞은 뜻을 찾아 연결해 보세요.

유명	서명	명찰	명품

이름표	이름난 물건	이름을 써넣음.	이름이 널리 알려짐.

손수

손	수	手
뜻	소리	한자

'손'과 관련된 단어에 쓰이고
'수'라고 읽어요.
한자 수(手)는 사람의 손 모양을 닮았어요.

손 수	손 수

• 흐린 글자를 따라 써요.

아래 단어에 공통으로 들어가는 글자를 찾아
○표 하고, 왼쪽의 빈칸에 적어 보세요.

수제

손으로 만듦.

수화

손으로 전달하는
언어

박수

두 손뼉을 마주침.

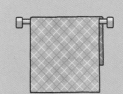

수건

얼굴, 몸, 손의
물기를 닦는 천

◉ '손'의 뜻이 있는 '수'가 들어간 단어들입니다.
'수'를 찾아 ○표 하고, 단어의 뜻을 알아보세요.

수제품

손으로 만든 제품

수공

손으로 하는 간단한 공예

수동

손의 힘만으로 움직이도록
되어 있는 것

수갑

움직이지 못하도록 손목에
걸어서 채우는 기구

악수

두 사람이 서로 손을 내밀어
마주 잡는 일

수기

글이나 글씨를 손으로 직접 씀.

손수건

가지고 다니며 쓰는 작은 수건

세수

물로 손이나 얼굴을 씻음.

📝 빈 곳에 알맞은 글자와 단어를 쓰고, 설명 글에서 글자의 뜻을 찾아 ○표 하세요.

	수제		손으로 만듦.
	화		손으로 전달하는 언어
	박		두 손뼉을 마주침.
	건		얼굴, 몸, 손의 물기를 닦는 천

📝 오늘 배운 단어를 넣거나 활용해 문장을 완성해 보세요.

보기   수제   수화   박수   수건

• 잘 말라서 보송보송한 [   ]의 감촉이 좋다.

• 잘 듣지 못하는 아라와 소통하고 싶어, 친구들과 함께 [   ]를 배웠다.

| 수제
케이크
이름 | _____ |
| 노래
친구
박수 | _____ |

🖊 아래 글을 읽고 '손'의 뜻을 가진 '수'가 들어 있는 단어 4개를 찾아 ○표 하세요.

오늘은 학년 말 연극 발표가 있는 날이다.

내가 맡은 역할은 **수제** 돈가스를 파는 맛집 사장님이었다.

돼지고기를 두드리고 튀기면서

이마에 맺힌 땀을 **수건**으로 닦는 장면이 있었는데

너무 긴장한 나머지 밀가루가 잔뜩 묻은 손으로 그냥 닦았다.

순간 당황해서 밀가루 위로 빨간 얼굴이 튀어나올 것 같았다.

나를 보고 친구들이 잠깐 **수군수군**하더니 힘차게 **박수**를 쳐 주었다.

고마운 마음에 눈물이 나올 뻔했다.

연극이 끝나고 **세수**를 하러 가는데 친구들이 우르르 다가왔다.

꽃다발을 얼마나 많이 받았는지 책상에 **수북**이 쌓였다.

🖊 소리는 같지만 뜻이 다른 두 한자가 있어요. 단어를 알맞은 한자에 연결해 보세요.

강수   악수   수제   음료수   생수   수갑

손 수   물 수

마음 심

마음 심 心

뜻　소리　한자

'마음'과 관련된 단어에 쓰이고
'심'이라고 읽어요.
한자 심(心)은 사람이나 동물의 심장
모양을 닮았어요.

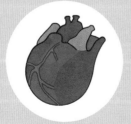

마음 심 | 마음 심

• 흐린 글자를 따라 써요.

1 글자 만나기

✍ 아래 단어에 공통으로 들어가는 글자를 찾아
○표 하고, 왼쪽의 빈칸에 적어 보세요.

내
진심이야!

진심
거짓이 없는
진실한 마음

관심
어떤 것에
마음이 끌림.

심리
마음의 상태

심장
피를 온몸에 보내는
신체 기관,
사람의 마음

🌑 '마음'의 뜻이 있는 '심'이 들어간 단어들입니다.
'심'을 찾아 ○표 하고, 단어의 뜻을 알아보세요.

안심

걱정 없이 마음을 편히 가짐.

양심

바른 말과 행동을 하려는 마음

무관심

마음이 끌리지 않음.

자부심

스스로 믿고 떳떳이 여기는 마음

심리학

마음의 상태를 연구하는 학문

심정

마음속에 가지고 있는
감정과 생각

심장병

심장에 생기는 여러 가지 질환

심장박동

심장이 주기적으로
오므라졌다 부풀었다 하는 운동

3 뜻 익히기

🖊 빈 곳에 알맞은 글자와 단어를 쓰고, 설명 글에서 글자의 뜻을 찾아 ○표 하세요.

	진심		거짓이 없는 진실한 마음
	관		어떤 것에 마음이 끌림.
	리		마음의 상태
	장		피를 온몸에 보내는 신체 기관, 사람의 마음

🖊 오늘 배운 단어를 넣거나 활용해 문장을 완성해 보세요.

보기   진심   관심   심리   심장

• 사람의 눈을 보면 그 사람이 하는 말이 [   ]인지 아닌지 판단할 수 있다.

• 열심히 달리고 났더니 [   ]이 뛰는 소리가 더욱 크게 들리는 것 같다.

요즘 관심 많다	_____
다른 사람 거짓말 심리	_____

26

4 어휘 늘리기

👆 아래 글을 읽고 '마음'의 뜻을 가진 '심'이 들어 있는 단어 4개를 찾아 ○표 하세요.

영웅이가 두 뺨을 손으로 감싸고 말했어요.

"나 우리 반에 좋아하는 애 생겼어."

"이번엔 진심이야? 넌 관심 있는 애가 맨날 바뀌잖아."

"무슨 소리야. 이렇게 진심이었던 적이 없어.

그 아이를 볼 때마다 심장이 쿵쿵대서 심장병에 걸릴 것만 같아."

지민이는 이해할 수 없다는 듯이 말했지요.

"날마다 사랑에 빠지는 너의 심리를 난 이해할 수가 없다."

"응, 친구. 이해는 됐고, 심부름 좀 해 주면 안 될까?

이 편지 좀 전해 줘."

"어쩐지, 나에게 친절하다 싶었다. 싫어, 네가 직접 전달해."

👆 아래 글자로 '마음'의 뜻을 나타내는 단어 5개를 만들어 보세요.

진	리
자부	심	정
관	부름

| 진심 | | | | |

눈 목

눈	목	目
뜻	소리	한자

'눈'과 관련된 단어에 쓰이고
'목'이라고 읽어요.
한자 목(目)은 사람의 눈과 눈동자 모양을
닮았어요.

눈 목	눈 목

• 흐린 글자를 따라 써요.

1 글자 만나기

🖎 아래 단어에 공통으로 들어가는 글자를 찾아
〇표 하고, 왼쪽의 빈칸에 적어 보세요.

목격
어떤 일을 눈으로
직접 봄.

주목
관심을 가지고
주의 깊게 보는 시선

안목
사물을 보고
분별하는 능력

목적
눈이 향하는 곳,
이루려고 하는 방향

'눈'의 뜻이 있는 '목'이 들어간 단어들입니다.
'목'을 찾아 ○표 하고, 단어의 뜻을 알아보세요.

목격자

어떤 일을 눈으로 직접 본 사람

목격담

눈으로 직접 본 것에 대한 이야기

제목

내용을 보이기 위해 붙이는 이름

목례

눈짓으로 가볍게 하는 인사

이목

귀와 눈, 주위나 관심

이목구비

귀, 눈, 입, 코의 생김새

목적지

가려고 눈이 향하는 곳

목표

목적을 이루기 위하여
도달해야 하는 대상

📝 빈 곳에 알맞은 글자와 단어를 쓰고, 설명 글에서 글자의 뜻을 찾아 ○표 하세요.

	목격		어떤 일을 눈으로 직접 봄.
	주		관심을 가지고 주의 깊게 보는 시선
	안		사물을 보고 분별하는 능력
	적		눈이 향하는 곳, 이루려고 하는 방향

📝 오늘 배운 단어를 넣거나 활용해 문장을 완성해 보세요.

보기   목격   주목   안목   목적

• 이번 모임의 [   ]은 우리 협회의 새로운 대표를 뽑는 것이다.

• 내 친구는 예쁘고 실용적인 물건을 고르는 [   ]이 뛰어나다.

| 우연히 위험 목격 | _____ |
| 행동 사람들 주목 | _____ |

🖎 아래 글을 읽고 '눈'의 뜻을 가진 '목'이 들어 있는 단어 5개를 찾아 ○표 하세요.

오늘은 신나는 체험 학습 날!

"잠깐, **주목**! 곧 있으면 우리의 **목적지**인 **수목원**에 도착해요.

오늘 체험 학습의 **목적**은 그동안 책으로만 보던 봄철 꽃과 나무를

직접 관찰하고 기록하는 것이에요.

다양한 식물들을 만나고 자연을 더 사랑하고

식물에 대한 **안목**이 높아지는 시간이 되었으면 좋겠어요."

선생님의 **목소리**에 우리들의 **이목**이 집중되었다.

친구들의 얼굴은 하나같이 기대되고 들뜬 표정이었다.

버스를 내려서 본 식물원은 내가 예상했던 것보다 훨씬 예뻤다.

공기도 좋아서 칼칼했던 **목**이 시원하게 뚫리는 느낌이었다.

✏ '수목원'의 '목'은 '나무'를 뜻하고, '목소리', '목'은 순우리말입니다.

🖎 오른쪽 뜻을 보고 초성에 맞는 단어를 적어 보세요.

ㅁ ㄹ		눈짓으로 가볍게 하는 인사
ㅇ ㅁ		사물을 보고 분별하는 능력
ㅁ ㄱ		어떤 일을 눈으로 직접 봄.
ㅈ ㅁ		주의 깊게 보는 시선

느낄 감

느낄 감 感

뜻	소리	한자

'느끼다'와 관련된 단어에 쓰이고
'감'이라고 읽어요.
다 함(咸)과 마음 심(心)이 만나 모두
느낀다는 뜻의 한자 감(感)이 되었어요.

느낄 감	느낄 감

• 흐린 글자를 따라 써요.

아래 단어에 공통으로 들어가는 글자를 찾아
○표 하고, 왼쪽의 빈칸에 적어 보세요.

감각

눈, 코, 귀, 혀,
피부를 통하여
자극을 느낌.

감동

강하게 느껴
마음이 움직임.

공감

다른 사람의 마음에
대하여 자신도
똑같이 느낌.

감사합니다

감사

고맙게 느끼는 마음

📎 '느끼다'의 뜻이 있는 '감'이 들어간 단어들입니다.
'감'을 찾아 ○표 하고, 단어의 뜻을 알아보세요.

실감

실제로 겪고 있다고 느낌.

감수성

외부의 자극을 받아들이고
느끼는 성질

소감

어떤 일에 대하여 느끼고 생각함.

만족감

즐겁고 흐뭇한 느낌

동감

어떤 의견에 같은 생각을 가짐.

예감

무슨 일이 생길 것 같은 느낌

감격

마음에 깊이 느끼어 매우 감동함.

감정

일이나 대상에 대하여 마음에
일어나는 느낌이나 기분

3 뜻 익히기

🖐 빈 곳에 알맞은 글자와 단어를 쓰고, 설명 글에서 글자의 뜻을 찾아 ○표 하세요.

감각		눈, 코, 귀, 혀, 피부를 통하여 자극을 느낌.
동		강하게 느껴 마음이 움직임.
공		다른 사람의 마음에 대하여 자신도 똑같이 느낌.
사		고맙게 느끼는 마음

🖐 오늘 배운 단어를 넣거나 활용해 문장을 완성해 보세요.

보기   감각   감동   공감   감사

• 이번 영화에서는 웅장한 소리와 자연의 경이로운 아름다움에 [   ]했다.

• 다른 사람의 마음에 [   ]하는 것은 귀 기울여 듣는 것에서부터 시작된다.

시각
감각
예민
_____

용돈
인상
감사
_____

👆 아래 글을 읽고 '느끼다'의 뜻을 가진 '감'이 들어 있는 단어 5개를 찾아 ○표 하세요.

이경이가 한껏 들뜬 얼굴로 진주에게 말했어요.

"어제 시상식에서 대상 수상 **소감** 들었어? 지금 엄청 이슈잖아."

"왜, 뭐라고 이야기했는데?"

"같이 일한 여러 사람들에게 일일이 **감사**의 이야기를 전했거든.

사람들이 힘든 것을 진심으로 보듬어 준 **공감** 멘트가

많은 사람들에게 **감동**을 주었지."

"역시 국민 엠씨네. 자신의 **감정**을 잘 전달하는 사람이구나.

그래서 대체 뭐라고 했는데?"

"나도 어제는 공감했는데, 왜 하나도 기억이 안 나냐?

독감 걸린 후로 계속 기억력이 **감퇴**되고 있어."

✏ '독감', '감퇴'에는 '느끼다'의 뜻이 없습니다.

👆 아래의 글자로 '느끼다'의 뜻이 들어 있는 단어 5개를 만들어 보세요.

실	옷		각	면
공	물	**감**	자	옥
장난	예		초	정

실감				

모양 형

모양	형	形
뜻	소리	한자

'모양'과 관련된 단어에 쓰이고
'형'이라고 읽어요.
평평할 견(幵)과 터럭 삼(彡)이 만나
모양 형(形)이 되었어요.

모양 형	모양 형

· 흐린 글자를 따라 써요.

1 글자 만나기

🖑 아래 단어에 공통으로 들어가는 글자를 찾아
○표 하고, 왼쪽의 빈칸에 적어 보세요.

형태
사물의 생긴 모양

변형
형태나 모양, 성질이
달라짐.

모형
실물 모양과 똑같이
만든 물건

무형
모양, 형체가 없음.

'모양'의 뜻이 있는 '형'이 들어간 단어들입니다.
'형'을 찾아 ○표 하고, 단어의 뜻을 알아보세요.

형식

겉으로 나타나 보이는 모양

형상

사물의 생긴 모양이나 상태

형성

어떤 모습이나 모양을 갖춤.

원형

처음 생긴 대로의 모양이나 형태

조형물

여러 가지 재료를 이용하여
구체적인 모양으로 만든 물체

비파형단검

비파(중국 악기) 모양의 청동 칼

무형문화재

무용, 음악, 연극 등
모양, 형체가 없는 문화재

유형문화재

모양, 형체가 있는 문화재

3 뜻 익히기

👋 빈 곳에 알맞은 글자와 단어를 쓰고, 설명 글에서 글자의 뜻을 찾아 ○표 하세요.

형태		사물의 생긴 모양
변		형태나 모양, 성질이 달라짐.
모		실물 모양과 똑같이 만든 물건
무		모양, 형체가 없음.

👋 오늘 배운 단어를 넣거나 활용해 문장을 완성해 보세요.

보기   형태   변형   모형   무형

• 우리 고유의 판소리, 춤과 같은 [   ] 문화재를 보존, 계승하는 것은

정말 중요한 일이다.

• 자연 환경에 따라 사람들의 주거 [   ] 도 다르다.

붕어빵
모형
틀

_____

옷
세탁기
변형

_____

✏️ 아래 글을 읽고 '모양'의 뜻을 가진 '형'이 들어 있는 단어 5개를 찾아 ○표 하세요.

나의 꿈은 건축가가 되는 것이다. 아름다운 건축물에 관심이 많아 세계 여러 나라의 유명 건축물 **모형**을 모으는 취미가 있다.

피사의 사탑, 빅벤, 에펠 탑 등 사촌 **형**의 도움으로 꽤 많이 모아 두었다.

나라마다 시대마다 다른 건축 **형태**를 관찰하는 것이 아주 재미있다.

또 **원형**과 다르게 **변형**되고 훼손된 건축물을 복원하는 과정을 보면 신기하다. 건축물마다 고유의 이야기를 가지고 있는 것을 보면 한 권의 역사책을 읽는 느낌이 든다.

그래서 건축물들은 **유형** 문화재로서의 가치를 가지고 있나 보다.

나중에 나는 어떤 이야기가 담긴 건축을 하게 될까?

생각만으로도 기대된다.

✏️ '모양'의 뜻을 나타내는 '형'이 들어간 섬을 모두 들러 보물을 찾으러 가 보세요.

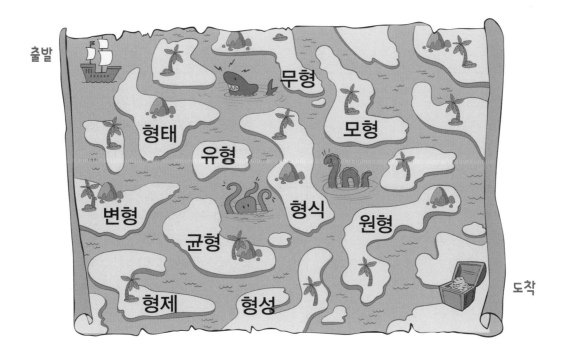

복습 놀이

아래의 가로 열쇠와 세로 열쇠를 참고로 낱말 퍼즐을 완성하세요.

가로 열쇠

2. 귀, 눈, 입, 코의 생김새
4. 동그랗게 생긴 모양
6. 모양, 형체가 있는 문화재(책, 탑, 조각품)
7. 일정한 지역 안에 사는 사람의 수
10. 어떤 것에 마음이 끌림.
12. 똑바로 마주 보이는 면
14. 축구 경기에 쓰는 공
16. 외부의 자극을 받아들이고 느끼는 성질

세로 열쇠

1. 내용을 보이기 위해 붙이는 이름
3. 실감나고 재미있게 말로 들려주는 동화
5. 형태나 모양 성질이 달라짐.
6. 이름이 세상에 널리 알려진 사람
8. 얼굴, 몸, 손의 물기를 닦는 천
9. 미술품을 전시하는 시설
11. 마음속에 가지고 있는 감정과 생각
13. 서로 만나서 이야기함.
15. 다른 사람의 마음에 대하여 자신도 똑같이 느낌.
17. 손으로 만든 제품

2

의식주

아, 좀 쉬자

다음 글자가 들어가는 단어에는 무엇이 있을까요?
또박또박 읽으면서 떠올려 보세요.

옷의

먹을식

살주

때시

사이간

밤야

쉴휴

옷 의

옷	의	衣
뜻	소리	한자

'옷'과 관련된 단어에 쓰이고
'의'라고 읽어요.
한자 의(衣)는 윗옷을 입고 깃을 여민
모습을 닮았어요.

옷 의	옷 의

• 흐린 글자를 따라 써요.

1 글자 만나기

💧 아래 단어에 공통으로 들어가는 글자를 찾아
○표 하고, 왼쪽의 빈칸에 적어 보세요.

의상
겉에 입는 옷

의류
모든 종류의 옷

의식주
인간 생활의 기본
요소인 옷, 음식, 집

탈의
옷을 벗음.

2 어휘 만나기

 '옷'의 뜻이 있는 '의'가 들어간 단어들입니다.
'의'를 찾아 ○표 하고, 단어의 뜻을 알아보세요.

의상실
옷을 두거나 갈아입는 방

의상 디자이너
옷을 디자인하고 만드는 사람

상의
몸의 위쪽에 입는 옷

하의
몸의 아래쪽에 입는 옷

의생활
입는 일이나 입는 옷에 관한 생활

의복
사람의 몸을 가리고
보호하기 위해 입는 옷

탈의실
옷을 갈아입는 방

우의
비올 때 입는 옷

👋 빈 곳에 알맞은 글자와 단어를 쓰고, 설명 글에서 글자의 뜻을 찾아 ○표 하세요.

		설명
의상		겉에 입는 옷
류		모든 종류의 옷
식주		인간 생활의 기본 요소인 옷, 음식, 집
탈		옷을 벗음.

👋 오늘 배운 단어를 넣거나 활용해 문장을 완성해 보세요.

보기   의상   의류   의식주   탈의

• 수영장의 [   ]실이 넓고 깨끗해서 수영복을 갈아입기 편리하다.

• 나는 미래에 나만의 개성이 드러나는 옷을 만드는 [   ] 디자이너가 되고 싶다.

백화점 여성 의류	_____
의식주 중요 의생활	_____

🖐 아래 글을 읽고 '옷'의 뜻을 가진 '의'가 들어 있는 단어 5개를 찾아 ○표 하세요.

내 꿈은 **의상** 디자이너이다.

다양한 **의복** 중에서도 아동복 전문 의상 디자이너가 되고 싶다.

옷을 사러 갔는데 마음에 쏙 드는 옷이 없을 때면

내 아이디어를 마음껏 담아낸 옷을 만들고 싶다.

상의는 마음에 드는데 꼭 맞는 **하의**가 없을 때 특히 그런 생각이 든다.

옷은 몸을 보호해 주는 기능도 있지만 나를 표현하는 역할도 한다.

나만의 개성을 잘 드러낼 수 있는 옷을 만들겠다는 **의지**로

오늘도 하루 **거의** 대부분을 **의류** 잡지를 보며 연구했다.

✎ '의지'의 '의'는 '마음'을 뜻하고, '거의'는 순우리말입니다.

🖐 사다리를 타고 내려가, '옷 의'가 들어간 단어와 이어지는 그림 3개를 색칠해 보세요.

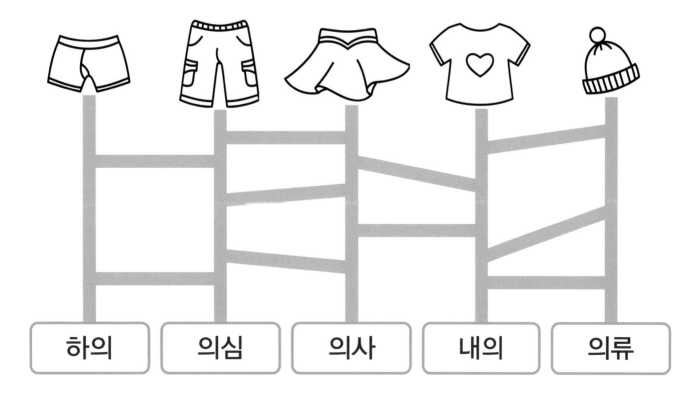

| 하의 | 의심 | 의사 | 내의 | 의류 |

먹을 식

🍽 아래 단어에 공통으로 들어가는 글자를 찾아 ○표 하고, 왼쪽의 빈칸에 적어 보세요.

먹을 식 食

뜻   소리   한자

'음식', '먹다'와 관련된 단어에 쓰이고 '식'이라고 읽어요.
한자 식(食)은 그릇을 뚜껑으로 덮은 모양을 닮았어요.

| 먹을 식 | 먹을 식 |

• 흐린 글자를 따라 써요.

식사
끼니로 음식을 먹는 일

음식
사람이 먹거나 마시는 모든 것

양식
서양식으로 만든 음식

급식
식사를 공급함.

✎ '음식', '먹다'의 뜻이 있는 '식'이 들어간 단어들입니다.
  '식'을 찾아 ○표 하고, 단어의 뜻을 알아보세요.

식당

음식을 만들어 파는 가게

식생활

음식을 먹는 일과 관련된 생활

분식

밀가루로 만든 음식

곡식

쌀, 보리, 밀처럼
주식으로 쓰이는 먹거리

중식

중국식 음식

시식

음식의 맛을 보려고
시험 삼아 먹어 봄.

편식

어떤 특정한 음식만을 즐겨 먹음.

배식

식사를 나누어 줌.

🔖 빈 곳에 알맞은 글자와 단어를 쓰고, 설명 글에서 글자의 뜻을 찾아 ○표 하세요.

식사		끼니로 음식을 먹는 일
음		사람이 먹거나 마시는 모든 것
양		서양식으로 만든 음식
급		식사를 공급함.

🔖 오늘 배운 단어를 넣거나 활용해 문장을 완성해 보세요.

보기   식사   음식   양식   급식

• 학교에서 가장 기다려지는 시간은 [   ] 시간이다.

• 쩝쩝 소리 내지 않고 먹는 것은 가장 기본적인 [   ] 예절이다.

**가장
좋아하는
음식** _____

**양식
종류
스테이크** _____

○ 아래 글을 읽고 '먹다'의 뜻을 가진 '식'이 들어 있는 단어 6개를 찾아 ○표 하세요.

저녁 **식사**를 준비하기 위해 엄마, 아빠는 요리를 하시고

나와 동생은 **식탁**에 반찬과 수저를 놓아 두었다.

오늘 **음식**은 닭볶음탕이었는데 **편식**이 심한 동생이 당근을 모두 골라내었다.

당근도 맛있다고 이야기해 보았지만, 익힌 당근의 **식감**이 정말 싫다며

피식 웃기만 했다.

그래도 뜨거운 닭을 후후 불어 **식혀** 먹는 동생의 입 모양이 귀여웠다.

식사 후 우리는 식탁 정리를 하고 **식기** 세척기에 그릇을 넣는 걸

도와드렸다.

✎ '식탁', '식감', '식기'에는 '먹다'의 뜻이 있고, '피식', '식혀'는 순우리말입니다.

○ '먹다'를 뜻하는 '식'이 들어간 단어를 모두 찾아, 식탁에 연결해 주세요.

음식

식목일

식당

식생활

식탐

결혼식

✎ 식탐: 음식을 탐냄.

살주

살 주 住

| 뜻 | 소리 | 한자 |

'살다'와 관련된 단어에 쓰이고
'주'라고 읽어요.
집에 사람이 살고 있어서 촛불을 켜 둔
모습에서 한자 주(住)가 되었어요.

| 살 주 | 살 주 |

• 흐린 글자를 따라 써요.

1 글자 만나기

아래 단어에 공통으로 들어가는 글자를 찾아
○표 하고, 왼쪽의 빈칸에 적어 보세요.

주택

사람이 살 수 있게
지은 건물

주소

사람이 사는 곳을
행정 구역으로
나타낸 이름

거주

일정한 곳에
머물러 삶.

주민

일정한 지역 안에
살고 있는 사람

'살다'의 뜻이 있는 '주'가 들어간 단어들입니다.
'주'를 찾아 ○표 하고, 단어의 뜻을 알아보세요.

공동주택

여러 가구가 한 건물에 따로
살 수 있도록 만들어진 집

주택 문제

주택 부족으로 발생하는 사회 문제

주소지

법률적인 문서에 기록된,
사는 장소

이주

원래 살던 집을 떠나
다른 집으로 옮김.

주거

일정한 곳에 자리 잡고 삶.

거주민

일정한 곳에 머물러 살고 있는 주민

영주

한 곳에 오래 삶.

주민등록증

일정한 곳에 살고 있는 주민임을
나타내는 증명서

🔖 빈 곳에 알맞은 글자와 단어를 쓰고, 설명 글에서 글자의 뜻을 찾아 ○표 하세요.

	주택		사람이 살 수 있게 지은 건물
	소		사람이 사는 곳을 행정 구역으로 나타낸 이름
	거		일정한 곳에 머물러 삶.
	민		일정한 지역 안에 살고 있는 사람

🔖 오늘 배운 단어를 넣거나 활용해 문장을 완성해 보세요.

보기   주택   주소   거주   주민

• 친구에게 카드를 보내려고 친구에게 집 [   ]를 물어봤다.

• 국내에 [   ]하는 외국인의 수가 점점 늘어나고 있다.

층간 소음
주민
갈등

_____

도시
문제점
주택

_____

📝 아래 글을 읽고 '살다'의 뜻을 가진 '주'가 들어 있는 단어 4개를 찾아 ○표 하세요.

세호는 새로 사귄 친구 창희와 휴일에도 놀고 싶었어요.

"**주말**에 너희 집에 놀러 가도 될까?"

"그래, 좋아. 우리 집에서 같이 놀자.

우리 집은 단독 **주택**이라 마당에서 같이 공놀이 하면 좋겠다."

"우아, 진짜? 우리 집은 **공동주택**이라서 뛸 수 없는데, 넌 좋겠다."

"그런데 우리 집 **주소**는 알아?

학교 옆길을 따라 내려오면 있는 달빛공원 근처에 있어."

"우리 집이랑 가까운데? 동네 **주민**인 걸 몰랐네.

다음 주에는 우리 집에도 놀러 와."

✏️ '주말'은 한 주의 끝을 뜻합니다.

📝 '살다'와 관련된 단어를 모두 찾아 숫자를 순서대로 써요. 친구네 집은 몇 번지일까요?

1 거주

2 주머니

3 주말

4 공동주택

5 주문

6 주소

번지

때 시

때	시	時
뜻	소리	한자

'때', '시간'과 관련된 단어에 쓰이고
'시'라고 읽어요.
날 일(日)과 절 사(寺)가 만나 시간이
흘러간다는 뜻의 한자 시(時)가 되었어요.

때 시	때 시

• 흐린 글자를 따라 써요.

👆 아래 단어에 공통으로 들어가는 글자를 찾아
○표 하고, 왼쪽의 빈칸에 적어 보세요.

시계

시간을 나타내는
기계나 장치

즉시

어떤 일이 벌어진
바로 그 때

시절

특정한 시기나 때

시대

어떤 기준으로 나눈
일정한 기간

 '때'의 뜻이 있는 '시'가 들어간 단어들입니다.
'시'를 찾아 ○표 하고, 단어의 뜻을 알아보세요.

초시계
초 단위 시간까지 잴 수 있는 시계

시각
연속되는 시간의 어느 한 지점

잠시
짧은 시간

삽시간
매우 짧은 시간

시기
적당한 때나 기회

세시 풍속
해마다 일정한 시기에 되풀이하여
행해 온 고유의 풍속

동시대
같은 시대

시세
그 당시의 형세나 세상의 형편

✍ 빈 곳에 알맞은 글자와 단어를 쓰고, 설명 글에서 글자의 뜻을 찾아 ○표 하세요.

시계		시간을 나타내는 기계나 장치
즉		어떤 일이 벌어진 바로 그 때
절		특정한 시기나 때
대		어떤 기준으로 나눈 일정한 기간

✍ 오늘 배운 단어를 넣거나 활용해 문장을 완성해 보세요.

보기　　　시계　즉시　시절　시대

• 조선 [　　] 는 양반제를 기반으로 하는 신분제 사회였다.

• 어린 [　　] 소꿉친구와 집 뒤 언덕에 올라가 하루 종일 흙놀이를 했던
기억이 난다.

2학년 시계 읽는 법	_____
소식 즉시 뛰어나갔다	_____

✍️ 아래 글을 읽고 '때'의 뜻을 가진 '시'가 들어 있는 단어 5개를 찾아 ◯표 하세요.

나의 유치원 **시절** 하면, 7살 방학 때 갔던 **시골** 할머니 댁에서의 기억이 떠오른다.

부모님이 나를 데려다 놓고 여행을 가셨었다.

따뜻한 품에 꼭 안아 주시던 할머니의 주름진 얼굴,

할머니 따라 **시장**에 가서 좋아하는 과자를 잔뜩 사 오던 일…….

시골에서의 하루는 **시간**이 금방 흐른다.

아침 먹고 밭에 나가 조금 논 것 같은데, **잠시** 후에는 해가 뉘엿뉘엿 지고 있다.

그곳의 **시계**는 있어도 큰 의미가 없는 것 같다.

바삐 움직이는 어른들 옆에서 사부작거리며 보내는 날들이 참 좋았다.

이번 방학에도 할머니 댁에서 한 달 정도 보내면 좋겠다.

물론 방학이 **삽시간**에 지나갈테지만.

✏️ '시골', '시장'에는 '때'의 뜻이 없습니다.

✍️ '때'의 뜻이 있는 단어로만 시계를 움직일 수 있습니다.
움직이는 시계추는 모두 몇 개인가요?

[ ] 개

시절　즉시　시소　삽시간　시민

사이 간

사이 간 間

뜻 · 소리 · 한자

'틈새', '사이'와 관련된 단어에 쓰이고
'간'이라고 읽어요.
문 문(門)과 날 일(日)이 만난 글자로,
문틈으로 달빛이 비치는 모습의
한자 간(間)이 되었어요.

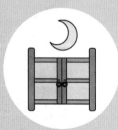

| 사이 간 | 사이 간 |

· 흐린 글자를 따라 써요.

👆 아래 단어에 공통으로 들어가는 글자를 찾아
○표 하고, 왼쪽의 빈칸에 적어 보세요.

기간

어떤 때에서 다른
때까지의 동안

순간

아주 짧은 시간 동안

간식

식사와 식사 사이
간단히 먹는 음식

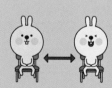

간격

거리나 시간이
벌어진 사이

'틈새', '사이'의 뜻이 있는 '간'이 들어간 단어들입니다.
'간'을 찾아 ○표 하고, 단어의 뜻을 알아보세요.

연간
1년 동안

간간이
시간적인 사이를 두고서 가끔씩

별안간
미처 생각할 틈도 없는 짧은 순간

조만간
앞으로 곧

간주
노래 1절과 2절 사이
연주만 나오는 부분

간지
책이나 신문 사이
따로 끼워 넣는 종이

간극
사물 사이의 틈

간접
중간의 사람이나 사물 따위를
통하여 맺어지는 관계

💧 빈 곳에 알맞은 글자와 단어를 쓰고, 설명 글에서 글자의 뜻을 찾아 ○표 하세요.

	기간		어떤 때에서 다른 때까지의 동안
	순		아주 짧은 시간 동안
	식		식사와 식사 사이 간단히 먹는 음식
	격		거리나 시간이 벌어진 사이

💧 오늘 배운 단어를 넣거나 활용해 문장을 완성해 보세요.

보기   시간   순간   간식   간격

• 체육 시간에 앞사람, 옆 사람과 [   ]을 잘 맞춰 서서 체조를 했다.

• 신기하게 공부할 때는 잘 안 가던 [   ]이 놀 때는 금방 지나간다.

학원
간식
핫도그

_____

선생님
이름
순간

_____

💧 아래 글을 읽고 '틈새', '사이'의 뜻을 가진 '간'이 들어 있는 단어 4개를 찾아 ○표 하세요.

> 호동이가 집으로 뛰어 들어오며 외쳤어요.
>
> "아, 배고파. 밥을 먹고 돌아서는 **순간** 다시 배가 고파.
>
> 엄마, **간식** 없어요?"
>
> 엄마가 어이없다는 듯이 말했지요.
>
> "지금 **시간**이 몇 시야? 점심 먹은 지 30분도 안 지났는데 정말 배가 고프다고?"
>
> "네. 학교에서도 점심시간 지나자마자 금방 배고파요."
>
> "얼마 전까지는 잘 안 먹어서 키가 잘 안 크는 것 같아 걱정했는데,
>
> **조만간** 엄청 크려나 보구나."
>
> "엄마, 간식 빨리 주세요, 빨리!
>
> 제가 **어지간**해서는 이렇게 독촉 안 하는 것 알죠?"

✏ '어지간'은 순우리말입니다.

💧 '간'에 '사이'의 뜻이 있으면 ○, 그렇지 않으면 ✗표 하세요.

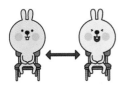

간격	간주

간단	간식	간장

연간	간호사	순간

밤 야

밤	야	夜
뜻	소리	한자

'밤'과 관련된 단어에 쓰이고
'야'라고 읽어요.
한자 야(夜)는 달이 사람의 겨드랑이
아래로 내려온 새벽에서 유래했어요.

밤 야	밤 야

• 흐린 글자를 따라 써요.

1 글자 만나기

👆 아래 단어에 공통으로 들어가는 글자를 찾아
○표 하고, 왼쪽의 빈칸에 적어 보세요.

야시장

밤에 열리는 시장

야행성

낮에 쉬고 밤에
활동하는 동물의 습성

야경

밤에 보이는 경치

야간

해가 진 뒤부터
밤 동안

💿 '밤'의 뜻이 있는 '야'가 들어간 단어들입니다.
  '야'를 찾아 ○표 하고, 단어의 뜻을 알아보세요.

야식

밤에 먹는 음식

야근

퇴근 시간이 지나
밤늦게까지 하는 일

열대야

바깥의 온도가 매우 더운 밤

불야성

밤에도 대낮처럼
밝게 불이 켜진 곳

철야

잠을 자지 않고 밤을 보냄.

백야

하얀 밤, 즉
밤에 어두워지지 않는 현상

야밤

깊은 밤

주야

낮과 밤

💧 빈 곳에 알맞은 글자와 단어를 쓰고, 설명 글에서 글자의 뜻을 찾아 ○표 하세요.

	야시장		밤에 열리는 시장
	행성		낮에 쉬고 밤에 활동하는 동물의 습성
	경		밤에 보이는 경치
	간		해가 진 뒤부터 밤 동안

💧 오늘 배운 단어를 넣거나 활용해 문장을 완성해 보세요.

보기   야시장   야행성   야경   야간

• 밤늦게까지 안 자고 놀고 있는 나를 보고 엄마는 올빼미처럼

[   ] 이냐고 물어보셨다.

• 아빠는 [   ] 운전을 할 때 빛이 어른거려 힘들다고 하신다.

산
정상
야경
_____

동네
야시장
활기
_____

✎ 아래 글을 읽고 '밤'의 뜻을 가진 '야'가 들어 있는 단어 4개를 찾아 ○표 하세요.

가족과 제주도에 놀러 갔을 때 **야시장**에 가 본 적이 있다.

저녁 시간에도 다양한 간식을 팔고 있는 상점들이 많았고

환한 불빛이 만든 **야경**이 제주도의 밤을 색다르게 보이게 했다.

열대야에 잠 못 이루고 나선 시장 구경이었는데,

야식을 먹으며 바닷가를 산책했던 그 시간이 너무 신났다.

나와 동생은 **야채**가 들어간 소시지 빵을 **야금야금** 먹었고

엄마와 아빠는 시원한 음료수를 드셨다.

어디선가 어린 고양이 한 마리가 **야옹**거리며 따라온 것도 기억난다.

그날은 파도 소리와 바람 소리를 원 없이 듣고서

편안하게 잠들 수 있었다.

✎ '밤 야'가 들어간 단어 6개를 찾아 달에 연결해 보세요.

야옹

야근

야행성

야구

야광

야시장

야간

야채

야경

쉴 휴

쉴	휴	休
뜻	소리	한자

'쉬다', '멈추다'와 관련된 단어에 쓰이고
'휴'라고 읽어요.
한자 휴(休)는 사람이 나무 아래에서
쉬고 있는 모습을 닮았어요.

쉴 휴	쉴 휴

· 흐린 글자를 따라 써요.

1 글자 만나기

🖊 아래 단어에 공통으로 들어가는 글자를 찾아
○표 하고, 왼쪽의 빈칸에 적어 보세요.

연휴

쉬는 날이
이틀 이상 계속됨.

휴가

일정한 기간 동안
쉬는 일

휴식

하던 일을 멈추고
잠시 쉼.

휴전

전쟁을 일정 기간
동안 멈추는 일

🌑 '쉬다', '멈추다'의 뜻이 있는 '휴'가 들어간 단어들입니다.
'휴'를 찾아 ○표 하고, 단어의 뜻을 알아보세요.

휴업

일을 중단하고 한동안 쉼.

휴교

학교가 학생을 가르치는 일을 쉼.

휴게소

길가에 잠시 쉴 수 있도록
만들어 놓은 장소

휴양림

쉬면서 건강을 돌볼
목적으로 만든 숲

휴식처

잠시 쉴 수 있는 곳

휴식기

하던 행동을 멈추고 쉬는 시기

휴전선

전쟁을 멈출 때 결정된
군사 경계선

휴전 협정

전쟁을 멈출 것을
내용으로 하는 합의

✏️ 빈 곳에 알맞은 글자와 단어를 쓰고, 설명 글에서 글자의 뜻을 찾아 ○표 하세요.

연휴		쉬는 날이 이틀 이상 계속됨.
가		일정한 기간 동안 쉬는 일
식		하던 일을 멈추고 잠시 쉼.
전		전쟁을 일정 기간 동안 멈추는 일

✏️ 오늘 배운 단어를 넣거나 활용해 문장을 완성해 보세요.

보기　　연휴　휴가　휴식　휴전

• 남북한이 [ ] 협정을 맺고 전쟁을 쉰 지도 벌써 70년이 넘어간다.

• 아빠가 어린이날 낀 [ ] 에 어디 가고 싶은지 물어보셨다.

나무 그늘
휴식
장소

_____

여름
휴가
물놀이

_____

🐚 아래 글을 읽고 '쉬다', '멈추다'의 뜻을 가진 '휴'가 들어 있는 단어 6개를 찾아 ○표 하세요.

하니가 혜인이에게 물었다.

"너희 가족은 이번 **휴가** 어디로 가?

우리 가족은 동해에 가서 해수욕하기로 했어."

"우리 집은 조용하고 시원한 계곡이 있는 **휴양림**으로 가기로 했어.

엄마는 새소리와 물소리만 있다면 좋대.

나랑 아빠는 낚시하고 놀면 되니까 우리 가족 모두 만족하는 **휴식처**야."

"생각만 해도 벌써 기다려진다. 가는 길에 **휴게소** 간식도 너무 좋아."

"맞아! 나 이번에 **휴대폰**은 두고 가려고. 자연하고만 열심히 놀 거야."

"오, 엄청난 결심을 했네. 엄마와의 휴대폰 전쟁도 **휴전**이겠구나."

하니도 혜인이도 마음은 벌써 **휴가지**에 가 있었다.

✏️ '휴대폰'의 '휴'는 '가지다'는 뜻입니다.

🐚 아래 그림 속에서 '쉴 휴'가 들어간 단어 5개를 찾아 ○표 하세요.

복습 놀이

🖊 '의식주'와 관련된 단어들이에요. 어울리는 단어를 빈칸에 적어 주세요.

> **보기**　식탁　주택　음식　분식　주소　식빵
> 　　　　의류　거주　탈의실　우의　이주　하의

의	의류
식	
주	

🖊 아래의 뜻과 소리를 연결하고, 알맞은 단어와 이어 보세요.

사이	시	휴식|휴교|휴가
쉬다	휴	즉시|시절|시대
때	야	순간|간식|간격
밤	간	열대야|야경|야시장

3

학교

다음 글자가 들어가는 단어에는 무엇이 있을까요?
또박또박 읽으면서 떠올려 보세요.

말씀 언

그림 도

소리 음

읽을 독

마당 장

배울 학

집 실

모을 집

말씀 언

말씀 언 를
뜻 　 소리 　 한자

'말씀', '말'과 관련된 단어에 쓰이고
'언'이라고 읽어요.
한자 언(言)은 입에서 소리가 퍼져
나가는 모습을 닮았어요.

| 말씀 언 | 말씀 언 |

• 흐린 글자를 따라 써요.

1 글자 만나기

👆 아래 단어에 공통으로 들어가는 글자를 찾아
○표 하고, 왼쪽의 빈칸에 적어 보세요.

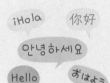

언어
생각이나 느낌 등을
나타내는 말이나 문자

언론
말이나 글로
생각을 발표하는 일

언급
어떤 문제에 대해
말함.

언쟁
자기가 옳다고 말로
다투는 일

🖊 '말씀', '말'의 뜻이 있는 '언'이 들어간 단어들입니다.
'언'을 찾아 ○표 하고, 단어의 뜻을 알아보세요.

언행
말과 행동

선언
자신의 생각이나 입장을
분명히 말함.

언론사
신문사, 방송국 등 언론을
담당하는 회사

발언
말을 하여 의견을 나타냄.

증언
어떤 사실을 증명하는 말

망언
잘못된 말

조언
도움이 되도록 거드는 말

언변
말을 잘하는 솜씨

3 뜻 익히기

📝 빈 곳에 알맞은 글자와 단어를 쓰고, 설명 글에서 글자의 뜻을 찾아 ◯표 하세요.

	언어		생각이나 느낌 등을 나타내는 말이나 문자
	론		말이나 글로 생각을 발표하는 일
	급		어떤 문제에 대해 말함.
	쟁		자기가 옳다고 말로 다투는 일

📝 오늘 배운 단어를 넣거나 활용해 문장을 완성해 보세요.

보기   언어   언론   언급   언쟁

• 신문, 방송과 같은 [   ] 매체들은 공정하고 사실에 입각한 내용을 전달하도록 노력해야 한다.

• 아침에 사소한 문제로 친구와 [   ]한 일이 자꾸 마음에 걸린다.

언어 습관 노력	_____
구체적 언급 자제	_____

👋 아래 글을 읽고 '말씀', '말'의 뜻을 가진 '언'이 들어 있는 단어 6개를 찾아 ○표 하세요.

현무가 나래에게 진지하게 말했어요.

"나는 커서 **언론사**에 들어가 사람들에게 울림을 주는 **언론인**이 되고 싶어.

앞으로 내가 무엇을 준비해야 할지 궁금한데,

누구한테 **조언**을 구해야 할지 모르겠다."

"사촌 **언니**가 방송국에서 일하는데 한번 물어봐 줄까?

그런데 언니가 **언급**한 방송국 생활은 엄청 힘들어 보였는데,

넌 왜 언론인이 되고 싶어?"

"**언젠가** 토론 프로그램에서 소신 **발언**을 하는 아나운서를 본 적이

있거든. 그때 **언어**의 힘을 실감하게 되었다고 할까."

👋 칠판에서 '말씀', '말'의 뜻을 가진 단어를 찾아, 빈칸에 적어 보세요.

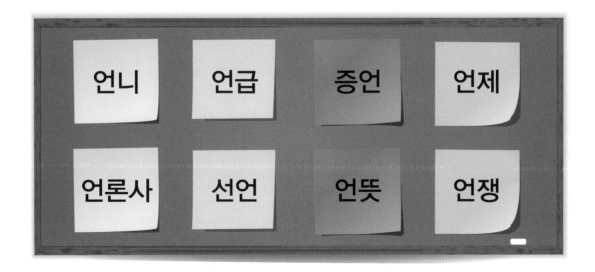

| 언니 | 언급 | 증언 | 언제 |
| 언론사 | 선언 | 언뜻 | 언쟁 |

| | | | | |

그림 도

그림 도 圖

뜻　　소리　　한자

'그림'과 관련된 단어에 쓰이고
'도'라고 읽어요.
한자 도(圖)는 변방까지 그려진
지도 모양을 닮았어요.

그림 도	그림 도

• 흐린 글자를 따라 써요.

1 글자 만나기

👆 아래 단어에 공통으로 들어가는 글자를 찾아
○표 하고, 왼쪽의 빈칸에 적어 보세요.

도감

그림이나 사진을
모아 엮은 책

안내도

안내하는 내용을
그린 그림

도형

그림의 모양이나 형태

도서

생각이나 감정을
글이나 그림으로
표현한 책

👆 '그림'의 뜻이 있는 '도'가 들어간 단어들입니다.
'도'를 찾아 ○표 하고, 단어의 뜻을 알아보세요.

도면

건축, 기계 등의 구조나 설계를
나타낸 그림

일기도

어떤 지역 일정한 시간대의
날씨 상태를 그린 그림

전개도

입체의 표면을 한 평면 위에
펴 놓은 모양을 나타낸 그림

약도

간략하게 중요한 것만 그린 지도

입체도형

부피를 가지는 도형

선대칭 도형

직선을 따라 접었을 때
완전히 겹치는 도형

도안

미술 작품을 만들 때 계획을
그림으로 나타낸 것

도표

여러 자료의 관계를
그림으로 나타낸 표

💭 빈 곳에 알맞은 글자와 단어를 쓰고, 설명 글에서 글자의 뜻을 찾아 ○표 하세요.

도감		그림이나 사진을 모아 실물 대신 볼 수 있도록 엮은 책
안내		안내하는 내용을 그린 그림
형		그림의 모양이나 형태
서		생각이나 감정을 글이나 그림으로 표현한 책

💭 오늘 배운 단어를 넣거나 활용해 문장을 완성해 보세요.

> **보기** 도감   안내도   도형   도서

• 입구의 국립공원 [   ]에서 우리가 가야 할 곳까지의 경로를 살펴보았다.

• 나는 수학 중에 입체 [   ]을 배우는 부분이 가장 재미있다.

식물
도감
꽃
_____

도서
분류
체계
_____

📝 아래 글을 읽고 '그림'의 뜻을 가진 '도'가 들어 있는 단어 3개를 찾아 ○표 하세요.

이곳은 북한산 입구. 수근이가 장훈이에게 호들갑스럽게 말했다.

"우아, 이거 봐! 너 옷에 **도깨비바늘** 붙었다."

"아, 됐고. 북한산 **안내도** 보는데 방해하지 말아라."

"잠깐이면 돼. 내가 도깨비바늘 떼는 거 **도와줄게.**

식물 **도감**에서 본 적 있는데, 도깨비처럼 다른 물체에 몰래 붙어서

옮겨진다고 해서 도깨비바늘이라고 한대.

아직 산에 **올라가지도** 않았는데 어떻게 벌써 붙었지?"

"어, 그래. 암튼 고맙다. 오늘 **일기도** 보니까 오후에 비오더라.

이제 좀 올라가도 되겠니?

이 방향으로 가면 금방 정상에 **도착할** 것 같군."

📝 스케치북에서 '그림 도'가 들어간 단어 8개를 찾아 ○표 하세요.

도화지	도서	도움	도착	도표
도망	식물 도감	입체 도형	도안	도깨비
도시락	약도	도둑	평면 도형	도넛

소리 음

소리 음 흡

뜻	소리	한자

'소리'와 관련된 단어에 쓰이고
'음'이라고 읽어요.
한자 음(흡)은 말씀 언(言)과 같이 입에서
소리가 퍼져 나가는 모습을 닮았어요.

소리 음	소리 음

• 흐린 글자를 따라 써요.

1 글자 만나기

✍ 아래 단어에 공통으로 들어가는 글자를 찾아
○표 하고, 왼쪽의 빈칸에 적어 보세요.

음악
목소리나 악기로
소리 내는 예술

소음
불쾌하고 시끄러운
소리

발음
말소리를 냄.

음성
목소리나 말소리

2 어휘 만나기

💿 '소리'의 뜻이 있는 '음'이 들어간 단어들입니다.
'음'을 찾아 ○표 하고, 단어의 뜻을 알아보세요.

음표
소리의 길이와 높낮이를
나타내는 음악 기호

음정
높이가 다른 두 소리 사이의 간격

방음
안팎의 소리가
통과하지 못하도록 막음.

녹음
소리를 기계 장치에 기록함.

자음
ㄱ, ㄴ, ㄷ처럼 발음 기관에
장애를 받으며 나는 소리

모음
ㅏ, ㅑ, ㅓ, ㅕ처럼 발음 기관에
장애 받지 않고 울려 나는 소리

초음파
주파수가 너무 높아
사람이 들을 수 없는 음파

화음
둘 이상의 다른 음이
함께 어울리는 소리

👆 빈 곳에 알맞은 글자와 단어를 쓰고, 설명 글에서 글자의 뜻을 찾아 ○표 하세요.

	음악	목소리나 악기로 소리 내는 예술
	소	불쾌하고 시끄러운 소리
	발	말소리를 냄.
	성	목소리나 말소리

👆 오늘 배운 단어를 넣거나 활용해 문장을 완성해 보세요.

보기   음악   소음   발음   음성

• 선생님께서 다정한 [   ]으로 우리를 맞아 주시니 새 학년의

  긴장된 마음이 누그러들었다.

• 받침이 많은 낱말은 [   ]하기가 어렵다.

학교 음악 장구	_____
밤 소음 조심	_____

🖊 아래 글을 읽고 '소리'의 뜻을 가진 '음'이 들어 있는 단어 4개를 찾아 ○표 하세요.

우렁차게 노래 연습을 하는 동원이에게 누나가 말했다.

"이 시끄러운 소음 공해는 뭐지?"

"어허, 미래의 아티스트에게 무슨 소리야.

훌륭한 음악을 들었으면 박수를 쳐도 모자랄 판에."

"음정이 하나도 안 맞는데? 너 꿈이 가수야?

누나로서 부탁하는데 다른 꿈을 찾아보는 건 어떨까?"

"엄마! 누나가 나보고 노래 못한다고 놀렸어."

"누나는 진심으로 조언한 거야.

방음이 안 되는 아파트에서 이러면 곤란하다, 동생."

"나, 마음에 상처 입었음."

🖊 '소리 음'이 들어 있는 단어의 숫자를 작은 수부터 누르면 음악실 문이 열린대요.
비밀번호는 무엇일까요?

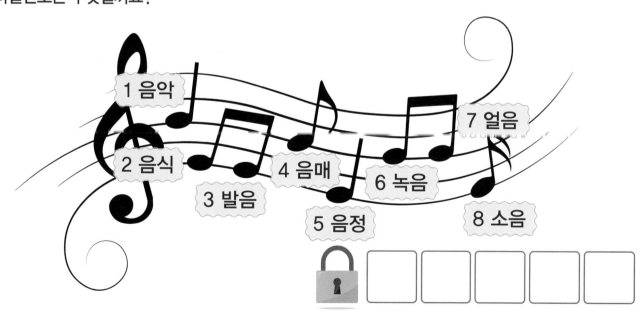

1 음악
2 음식
3 발음
4 음매
5 음정
6 녹음
7 얼음
8 소음

읽을 독

읽을 독 讀

| 뜻 | 소리 | 한자 |

'읽다'와 관련된 단어에 쓰이고
'독'이라고 읽어요.
말씀 언(言)과 팔 매(賣)가 만난 글자로,
중얼중얼 돈을 센다는 뜻에서
한자 독(讀)이 되었어요.

| 읽을 독 | 읽을 독 |

• 흐린 글자를 따라 써요.

🖊 아래 단어에 공통으로 들어가는 글자를 찾아
○표 하고, 왼쪽의 빈칸에 적어 보세요.

독서
책을 읽음.

독해
글을 읽고
내용을 이해함.

구독
책이나 잡지, 신문
등을 구입하여 읽음.

낭독
글을 소리 내어 읽음.

'읽다'의 뜻이 있는 '독'이 들어간 단어들입니다.
'독'을 찾아 ○표 하고, 단어의 뜻을 알아보세요.

독후감

책을 읽고 난 뒤
느낌을 적은 글

독자

책이나 신문, 잡지 등을
읽는 사람

해독

어려운 암호나 기호 등을
읽어서 뜻을 알아냄.

판독

어려운 문장이나 암호 등의
뜻을 헤아리며 읽음.

정기 구독

일정 기간 책이나 잡지,
신문 등을 받아 읽는 일

구독자

책이나 잡지, 신문 등을
구입하여 읽는 사람

음독

글을 소리 내어 읽음.

정독

글을 꼼꼼하고 자세히 읽음.

📝 빈 곳에 알맞은 글자와 단어를 쓰고, 설명 글에서 글자의 뜻을 찾아 ○표 하세요.

독서		책을 읽음.
해		글을 읽고 내용을 이해함.
구		책이나 잡지, 신문 등을 구입하여 읽음.
낭		글을 소리 내어 읽음.

📝 오늘 배운 단어를 넣거나 활용해 문장을 완성해 보세요.

보기 　　독서　　독해　　구독　　낭독

• [　　　]력을 키우려면 기본적인 한자 어휘를 알아야 한다.

• 직접 쓴 시를 친구들 앞에서 [　　　]하려니 무척 떨렸다.

유튜브
구독
추천

_____

독서
시간
부족

_____

🖐 아래 글을 읽고 '읽다'의 뜻을 가진 '독'이 들어 있는 단어 4개를 찾아 ○표 하세요.

수민이가 책을 읽고 계신 아빠에게 물었다.

"아빠, 한일전 야구를 보는데 갑자기 일본 **감독**이 나와서

비디오 **판독**을 요청하던데요. 대체 왜죠?"

"뭔가 이상했나 보네. 느린 화면으로 꼼꼼히 읽으려는 것 같구나.

아빠가 네 **독후감**을 볼 때도 대체 뭔 말인지 모르겠어서

아주 느리게 읽고 판독하긴 하지."

"앗, 갑자기 저한테 화살이⋯⋯. 제가 평소에 **독서**를 잘 안 하잖아요.

독후감 쓸 일이 별로 없어서 그런 거니까 이해해 주세요. 히히."

"아들! 유튜브만 **구독**하지 말고 신문도 정기 구독해서 좀 읽어 볼까?"

✎ '감독'에는 '읽다'라는 뜻이 없습니다.

🖐 아래에서 '읽다'의 뜻이 들어 있는 단어를 찾아 적어 보세요.

독서   독거미   판독   독후감   독도

마당 장

마당 장 場

| 뜻 | 소리 | 한자 |

'마당', '곳'과 관련된 단어에 쓰이고 '장'이라고 읽어요.
한자 장(場)은 넓은 마당에 햇볕이 내리쬐는 모습을 닮았어요.

| 마당 장 | 마당 장 |

• 흐린 글자를 따라 써요.

1 글자 만나기

🖐 아래 단어에 공통으로 들어가는 글자를 찾아 ○표 하고, 왼쪽의 빈칸에 적어 보세요.

운동장
운동을 할 수 있는 넓은 마당

등장
사람이 무대 등에 나타남.

장소
어떤 일이 일어나는 곳

시장
여러 가지 상품을 사고 파는 곳

'마당', '곳'의 뜻이 있는 '장'이 들어간 단어들입니다.
'장'을 찾아 ○표 하고, 단어의 뜻을 알아보세요.

경기장
경기를 할 수 있는 시설을 갖춘 곳

야구장
야구 경기를 위해 만들어진 곳

퇴장
어떤 장소에서 물러남.

극장
공연하기 위한 시설을 갖춘 곳

광장
많은 사람들이 모이는
넓은 장소

장면
어떤 곳에서 벌어지는 광경

매장
물건을 파는 곳

양식장
물고기나 버섯 등의
양식을 하는 곳

👆 빈 곳에 알맞은 글자와 단어를 쓰고, 설명 글에서 글자의 뜻을 찾아 ○표 하세요.

운동장		운동을 할 수 있는 넓은 마당
등		사람이 무대 등에 나타남.
소		어떤 일이 일어나는 곳
시		여러 가지 상품을 사고 파는 곳

👆 오늘 배운 단어를 넣거나 활용해 문장을 완성해 보세요.

> 보기   운동장   등장   장소   시장

- 이번 주 체육 시간에는 [   ]에서 발야구 한대.

- 전통 [   ]에서 다양한 물건과 사람들을 구경하는 것이 참 재미있다.

비밀 장소 이야기	_____
인기 아이돌 등장	_____

🐚 아래 글을 읽고 '마당', '곳'의 뜻을 가진 '장'이 들어 있는 단어 6개를 찾아 ○표 하세요.

> 지난 주말에 연극을 보러 **공연장**에 갔는데
>
> 주인공이 **등장**하는 **장면**에서 발을 헛디뎌 넘어질 뻔했다.
>
> 너무 자연스럽게 나와서 첫 등장에 눈길을 끌기 위한 행동인 줄 알았는데
>
> 그게 아니었다.
>
> 주인공은 유명한 달리기 선수 역할을 맡았는데,
>
> **퇴장**할 때 발을 절뚝거리는 것을 보니 놀랍기도 하고 안타깝기도 하였다.
>
> 무대라는 제한된 **장소** 안에서 **운동장** 트랙 세트를 만들어
>
> 실감나게 표현한 점이 참 인상적이었다.
>
> 배우들과 스텝들이 **장기간** 애쓴 흔적이 고스란히 감동으로 다가왔다.

✎ '장기간'의 '장'은 '길다'라는 뜻입니다.

🐚 아래에 '마당 장'이 들어간 단어를 완성해 적어 보세요.

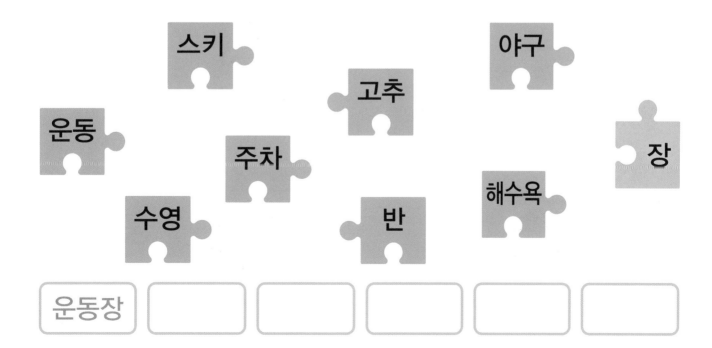

| 운동장 | | | | | |

배울 학

배울 학 學

뜻 / 소리 / 한자

'배우다', '공부하다'와 관련된 단어에
쓰이고 '학'이라고 읽어요.
한자 학(學)은 아이들이 양손에 책을 들고
배우는 집을 닮았어요.

| 배울 학 | 배울 학 |

• 흐린 글자를 따라 써요.

1 글자 만나기

👆 아래 단어에 공통으로 들어가는 글자를 찾아
○표 하고, 왼쪽의 빈칸에 적어 보세요.

학자
공부에 능통한 사람,
학문을 연구하는 사람

장학금
공부를 돕기 위해
학생에게 주는 돈

과학
자연 현상을
공부하는 학문

방학
정해진 기간 동안
수업을 쉬는 일

✎ '배우다', '공부하다'의 뜻이 있는 '학'이 들어간 단어들입니다.
'학'을 찾아 ○표 하고, 단어의 뜻을 알아보세요.

학급

한 교실에서 공부하는
학생들의 집단

학자금

공부하는 데 드는 비용

장학생

장학금을 받는 학생

유학

외국에 머물러 살면서 공부함.

견학

실제로 보고 배움.

실학

실제의 생활에 쓰임이 있는 학문

휴학

일정한 기간 동안
학교를 쉬는 일

전학

다니던 학교에서
다른 학교로 옮겨감.

3 뜻 익히기

📝 빈 곳에 알맞은 글자와 단어를 쓰고, 설명 글에서 글자의 뜻을 찾아 ○표 하세요.

학자		공부에 능통한 사람, 학문을 연구하는 사람
장 금		공부를 돕기 위해 학생에게 주는 돈
과		자연 현상을 공부하는 학문
방		정해진 기간 동안 수업을 쉬는 일

📝 오늘 배운 단어를 넣거나 활용해 문장을 완성해 보세요.

> 보기   학자   장학금   과학   방학

- 이번에 졸업하는 우리 언니는 성적 우수 [   ]을 받았다.

- 이번 여름 [   ]에는 그동안 뵙지 못한 할머니 댁에 갈 예정이다.

과학
실험
관찰   _____

학자
할아버지
유명   _____

👋 아래 글을 읽고 '배우다', '공부하다'의 뜻을 가진 '학'이 들어 있는 단어 7개를 찾아 ○표 하세요.

> 재승이가 **학교** 복도에서 상욱이를 만났어요.
>
> "너, 학교에서 이번 여름**방학**에 **과학** 특별 프로그램을 진행한다는
>
> 이야기 들었어? 같이 하자."
>
> "오호, 역시 미래의 과학자끼리는 마음이 통한다니까.
>
> **학급**별로 인원에 제한이 있으니까 빨리 신청해야 해.
>
> 나는 과학관 **견학**이 제일 재미있을 것 같아. 너는?"
>
> "나는 '발명가 프로젝트'가 진짜 기대 돼.
>
> 가장 우수한 **학생**에게는 **장학금**이 지급된다던데
>
> 아마 그 주인공은 내가 되지 않을까?"
>
> "김칫국부터 마시기는."
>
> "암튼 빨리 방학이 오기를 **학수고대**할 뿐이야."

🖊 '학수고대'는 '학처럼 목을 길게 빼고 간절히 기다린다'는 뜻입니다.

👋 '배울 학'과 그림 속 글자들을 연결해 단어를 만들어 보세요.

학자금

집실

집	실	室
뜻	소리	한자

'집', '방'과 관련된 단어에 쓰이고
'실'이라고 읽어요.
집 면(宀)과 이를 지(至)가 만난 글자로,
집에 도착했다는 뜻의 한자 실(室)이
되었어요.

집실	집실

• 흐린 글자를 따라 써요.

1 글자 만나기

🖎 아래 단어에 공통으로 들어가는 글자를 찾아
○표 하고, 왼쪽의 빈칸에 적어 보세요.

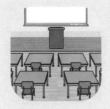

교실
학교에서
공부하는 방

열람실
도서관에서 책이나
자료를 읽는 방

실외
방이나 건물의 밖

회의실
회의할 때 쓰는 방

'집', '방'의 뜻이 있는 '실'이 들어간 단어들입니다.
'실'을 찾아 ○표 하고, 단어의 뜻을 알아보세요.

실험실
실험하는 방

진찰실
의사가 진찰하는 방

온실
난방장치를 한 방

밀실
남이 드나들지 못하게 하여
비밀로 쓰는 방

입실
건물 안의 방에 들어감.

실외 경기
건물 밖에서 이루어지는 경기

화실
그림을 그리거나 조각을 하는
등의 일을 하는 방

작업실
일을 하는 방

🖊 빈 곳에 알맞은 글자와 단어를 쓰고, 설명 글에서 글자의 뜻을 찾아 ○표 하세요.

교실		학교에서 공부하는 방
열람		도서관에서 책이나 자료를 읽는 방
외		방이나 건물의 밖
회의		회의할 때 쓰는 방

🖊 오늘 배운 단어를 넣거나 활용해 문장을 완성해 보세요.

보기　　　교실　　열람실　　실외　　회의실

• 도서관 [　　　　] 에서는 다른 사람에게 방해되지 않도록 조용히 해야 한다.

• 실내 수영장에서 [　　　] 수영장으로 옮기니, 바람과 햇볕 때문에 기분이 더 좋아졌다.

우리 반
교실
놀이

_____

회의실
문
목소리

_____

💫 아래 글을 읽고 '집', '방'의 뜻을 가진 '실'이 들어 있는 단어 8개를 찾아 ○표 하세요.

우리 학교에는 우리 5학년이 1학년 동생 한 명씩을 데리고 다니며

학교 곳곳을 소개해 주는 프로그램이 있어요.

5학년이 귀여운 동생들의 **교실**에 가서 각자 짝을 만나

음악실, **과학실**, **보건실**부터 **교장실**, **교무실**까지 손잡고 다니며 안내해 주었어요.

1학년 아이들이 가장 신기해했던 곳은 **급식실**이고,

다음으로 각종 행사나 **실내** 체육할 때 활용하는 강당도 재미있어했어요.

눈을 동그랗게 뜨고 이것저것 물어보는 동생의 모습이 무척 귀여웠어요.

1학년 동생을 만날 생각에 어제부터 긴장되고 설렜는데,

실수하지 않고 잘 소개해 주어서 뿌듯했어요.

✎ '실수'에는 '집', '방'의 뜻이 없습니다.

💫 '집', '방'을 뜻하는 '실'이 들어간 단어를 모두 찾아 바구니에 연결해 보세요.

실수   실린더   실험실   실로폰

실내화   입실

교실   온실

모을 집

모을 집 集

| 뜻 | 소리 | 한자 |

'모이다', '모으다'와 관련된 단어에
쓰이고 '집'이라고 읽어요.
한자 집(集)은 나무 위에 새가 모여 있는
모습을 닮았어요.

| 모을 집 | 모을 집 |

• 흐린 글자를 따라 써요.

1 글자 만나기

👆 아래 단어에 공통으로 들어가는 글자를 찾아
○표 하고, 왼쪽의 빈칸에 적어 보세요.

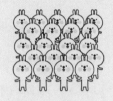

집단

여럿이 모여 이룬
무리나 단체

시집

여러 편의 시를
모아 만든 책

모집

널리 알려 사람이나
작품 등을 모음.

수집

물건이나 자료 등을
찾아서 모음.

👋 '모이다', '모으다'의 뜻이 있는 '집'이 들어간 단어들입니다.
　'집'을 찾아 ○표 하고, 단어의 뜻을 알아보세요.

집회
여러 사람이 어떤 목적을 위해
일시적으로 모이는 일

밀집
빈틈없이 빽빽하게 모임.

전집
작품을 한 질로 모아 출판한 책

문집
여러 편의 글을 모아 엮은 책

응집
흩어져 있던 물질이
한데 엉겨 뭉침.

집기병
기체를 모으는 유리병

수집가
특정한 물건을 전문적으로
찾아 모으는 사람

채집
널리 찾아서 얻거나 캐거나
잡아 모음.

📎 빈 곳에 알맞은 글자와 단어를 쓰고, 설명 글에서 글자의 뜻을 찾아 ◯표 하세요.

집**단**		여럿이 모여 이룬 무리나 단체
시		여러 편의 시를 모아 만든 책
모		널리 알려 사람이나 작품 등을 모음.
수		물건이나 자료 등을 찾아서 모음.

📎 오늘 배운 단어를 넣거나 활용해 문장을 완성해 보세요.

보기 집단 시집 모집 수집

- 나의 취미는 예쁘고 특이한 돌을 [   ]하는 것이다.

- 올해 내가 쓴 시를 모아 [   ]으로 한번 내 볼 예정이다.

방송부
신입
모집

_____

학교
폭력
집단

_____

◈ 아래 글을 읽고 '모이다', '모으다'의 뜻을 가진 '집'이 들어 있는 단어 4개를 찾아 ○표 하세요.

> "'지구 사랑 동아리'에서 지구 지킴이를 **모집**합니다.
> 관심 있는 친구들은 홍보 포스터를 잘 읽어 보고
> 이번 주까지 신청해 주세요."
> 동아리 모집 소식에 관심 있는 친구들이 포스터 앞으로 모여들었다.
> '지구 사랑 동아리'에서는 학교 주변의 동식물 **채집**하기,
> 뒷산에 **새집** 달아 주기, 자료를 **수집**하여 책으로 엮기 등
> 다양한 활동을 진행하고 있었다.
> 환경에 대한 개개인의 관심과 **고집**스러운 실천이 모여
> **집단**으로 활동할 때, 더 많은 일들을 할 수 있을 것이라 기대한다.

✎ '새집', '고집'에는 '모이다', '모으다'의 뜻이 없습니다.

◈ '집'과 주변의 글자를 연결해, '모이다'의 뜻이 있는 단어 5개를 만들어 보세요.

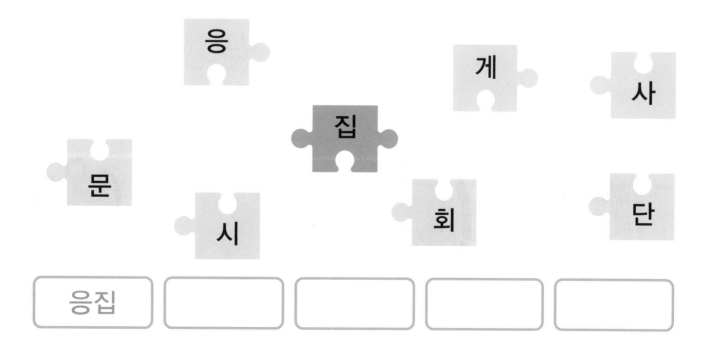

응집				

🖐 아래의 글자가 들어간 단어를 찾아 선으로 이어 보세요.

말씀 언   그림 도   소리 음   읽을 독

증언   약도   독해
        언급   방음
    도형   정독   초음파

광장   전학   유학   응집
                                집회
    등장   회의실   실외

마당 장   배울 학   집 실   모을 집

일상

다음 글자가 들어가는 단어에는 무엇이 있을까요?
또박또박 읽으면서 떠올려 보세요.

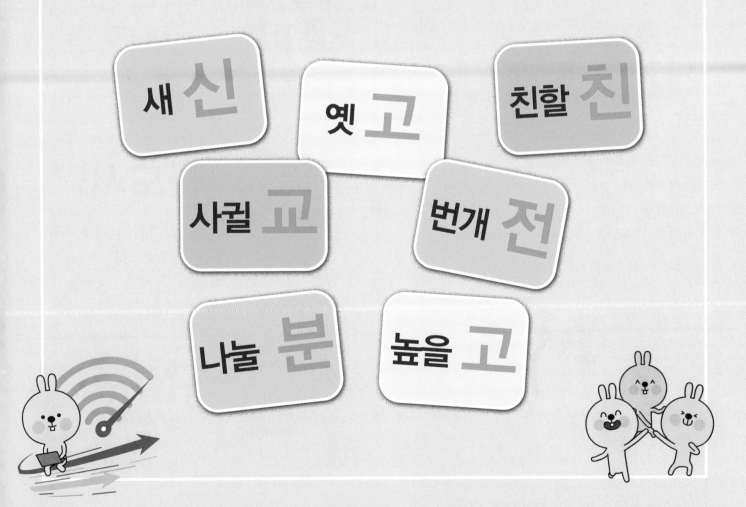

새 **신**

옛 **고**

친할 **친**

사귈 **교**

번개 **전**

나눌 **분**

높을 **고**

새 신

새 신 新

| 뜻 | 소리 | 한자 |

'새로운'과 관련된 단어에 쓰이고
'신'이라고 읽어요.
나무를 다듬어 새로운 물건을 만든다는
뜻에서 한자 신(新)이 되었어요.

| 새 신 | 새 신 |

• 흐린 글자를 따라 써요.

1 글자 만나기

💧 아래 단어에 공통으로 들어가는 글자를 찾아
○표 하고, 왼쪽의 빈칸에 적어 보세요.

신문

새로운 소식을
전하는 간행물

신입생

새로 입학한 학생

신도시

대도시 근교에 새로
만든 도시

신기술

새로운 기술

 '새로운'의 뜻이 있는 '신'이 들어간 단어들입니다.
'신'을 찾아 ○표 하고, 단어의 뜻을 알아보세요.

신문사

신문을 발행하는 회사

신문기자

신문 기사를 찾고 만드는 사람

신선

새롭고 산뜻함.

신상품

새로 나온 상품

신세계

새롭게 생활하거나 활동하는 장소

신조어

새로 생긴 말

신소재

이전에 없던 특성을 지닌
새로운 재료

혁신

오래된 것을 완전히 바꾸어
새롭게 함.

◯ 빈 곳에 알맞은 글자와 단어를 쓰고, 설명 글에서 글자의 뜻을 찾아 ◯표 하세요.

	신문		새로운 소식을 전하는 간행물
	입생		새로 입학한 학생
	도시		대도시 근교에 새로 만든 도시
	기술		새로운 기술

◯ 오늘 배운 단어를 넣거나 활용해 문장을 완성해 보세요.

보기　　신문　　신입생　　신도시　　신기술

• 아빠는 종이 [　　　]을 보시고 나는 인터넷 기사를 읽는다.

• 대도시 주변에 대도시의 인구와 기능을 담당하는 [　　　]가 생겨났다.

올해 입학 신입생	_____
자동차 신기술 환경	_____

👆 아래 글을 읽고 '새로운'의 뜻을 가진 '신'이 들어 있는 단어 4개를 찾아 ○표 하세요.

신학기가 시작되어 학용품을 준비하러 문구점에 갔다.

볼펜을 구경하는데 작년까지 보지 못했던 신상품들이 나의 눈을 붙잡았다.

그중에서도 일정 시간이 지나면 저절로 지워지는 볼펜은

정말 생각지도 못한 신세계!

어쩜 사람들은 이런 생각을 다 해내는지 모르겠다.

신소재로 만들어 물에 녹는 친환경 상자도 있었고,

향이 나는 신발주머니도 있었다.

사고 싶은 것이 너무 많아 신나는데,

꼭 필요한 것만 골라서 사는 것이 여간 힘든 일이 아니었다.

학용품도 다 준비되었으니 이제 신학기도 파이팅!

✏ '신학기'는 '새 학기'라는 뜻이고, '신발주머니', '신나다'는 순우리말입니다.

👆 '새로운'을 뜻하는 말을 '신'으로 시작하는 단어와 연결해 보세요.

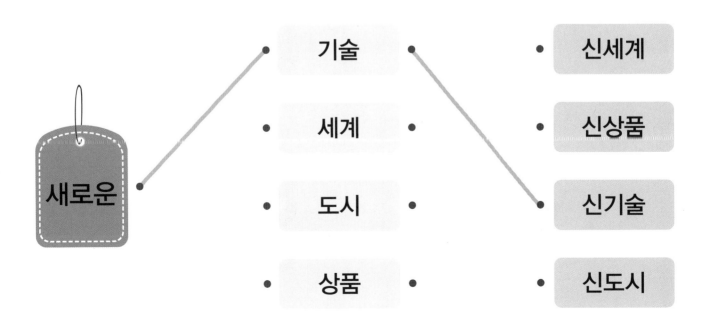

새로운

기술 · — · 신세계

세계 · · 신상품

도시 · · 신기술

상품 · · 신도시

옛 고

옛	고	古
뜻	소리	한자

'옛날'과 관련된 단어에 쓰이고
'고'라고 읽어요.
입과 방패가 합해진 글자로, 옛날 전쟁
이야기를 들려준다는 뜻의 한자 고(古)가
되었어요.

옛 고	옛 고

• 흐린 글자를 따라 써요.

1 글자 만나기

✍ 아래 단어에 공통으로 들어가는 글자를 찾아
○표 하고, 왼쪽의 빈칸에 적어 보세요.

고물

오래되어 헐거나
낡은 물건

고궁

옛 궁궐

고전

오랫동안 가치가 높다고
인정된 문학, 예술

고대

옛 시대

🪩 '옛날'의 뜻이 있는 '고'가 들어간 단어들입니다.
'고'를 찾아 ○표 하고, 단어의 뜻을 알아보세요.

고물상
오래된 고물을 사고 파는 장사

중고
이미 사용하였거나
오래되어 낡은 물건

고풍
옛날의 풍속

고분
옛날에 만들어진 무덤

고서
오래되어 낡은 책

고가구
오래된 가구

고대국가
아주 옛날의 국가

고조선
옛날 우리나라 최초의 국가

✍️ 빈 곳에 알맞은 글자와 단어를 쓰고, 설명 글에서 글자의 뜻을 찾아 ◯표 하세요.

	고물		오래되어 헐거나 낡은 물건
	궁		옛 궁궐
	전		오랫동안 가치가 높다고 인정된 문학, 예술
	대		옛 시대

✍️ 오늘 배운 단어를 넣거나 활용해 문장을 완성해 보세요.

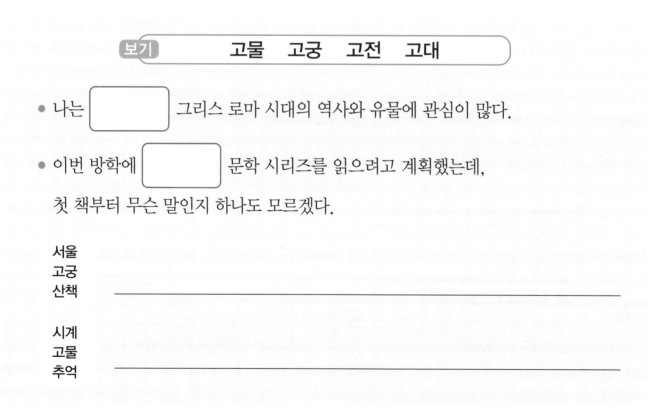

보기   고물   고궁   고전   고대

• 나는 [   ] 그리스 로마 시대의 역사와 유물에 관심이 많다.

• 이번 방학에 [   ] 문학 시리즈를 읽으려고 계획했는데,

첫 책부터 무슨 말인지 하나도 모르겠다.

서울
고궁
산책   _____

시계
고물
추억   _____

💧 아래 글을 읽고 '옛날'의 뜻을 가진 '고'가 들어 있는 단어 4개를 찾아 ○표 하세요.

웬일인지 책에 푹 빠져 있는 규현이에게 혜성이가 말했어요.

"어? 데미안 읽는구나. 이 책 정말 **고전** 중의 고전이지.

나도 정말 좋아하는 책이야."

"응, 지난 주말에 아빠와 **고서** 상점에 갔는데, 아빠가 추천해 주셨어.

아빠는 **중고** 음반을 사오셨고."

"우아, 거기가 어디야? 나도 가 보고 싶다."

"우리 동네 호동 **고깃집** 옆 골목 안에 있더라.

가게 간판부터 **고풍**스러워서 바로 찾을 수 있을 거야."

"**고마워**. 이번 주말에 한번 가 봐야겠다."

💧 '옛날'을 뜻하는 말을 '고'로 시작하는 단어와 연결해 보세요.

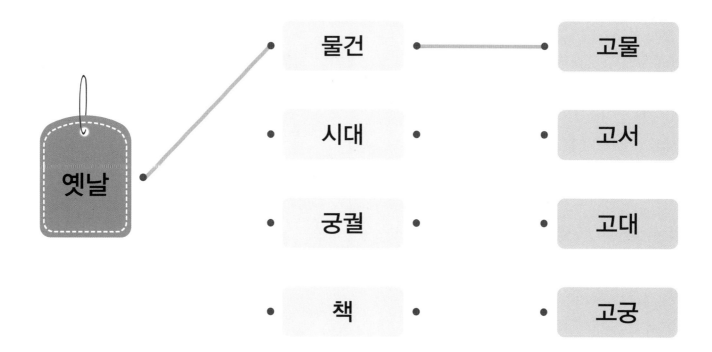

옛날	물건 ————— 고물
	시대 · · 고서
	궁궐 · · 고대
	책 · · 고궁

친할 친

✍ 아래 단어에 공통으로 들어가는 글자를 찾아
○표 하고, 왼쪽의 빈칸에 적어 보세요.

친할 친 親

| 뜻 | 소리 | 한자 |

'친하다'와 관련된 단어에 쓰이고
'친'이라고 읽어요.
설 립(立), 나무 목(木), 볼 견(見)이 만나,
눈앞에 보이는 가까운 사이라는 뜻의
한자 친(親)이 되었어요.

| 친할 친 | 친할 친 |

• 흐린 글자를 따라 써요.

친구

가깝게 오래
사귄 사람

친척

촌수가 가까운 혈연
관계에 있는 사람

친절

사람을 대하는
태도가 친하고
부드러움.

친환경

자연 그대로의 환경과
친하게 잘 어울림.

'친하다'의 뜻이 있는 '친'이 들어간 단어들입니다.
'친'을 찾아 ○표 하고, 단어의 뜻을 알아보세요.

친애
매우 가깝고 친하게
여기며 사랑하다.

친화력
다른 사람들과 친하게
잘 어울리는 능력

친족
촌수가 가까운 사람

부친
아버지를 정중하게
부르는 말

친근
사이가 매우 친한 느낌

화친
두 나라 사이에 싸움이 없이
서로 친하게 지냄.

환경친화
자연 그대로의 환경과
친하게 잘 어울림.

친환경 농법
자연 그대로의 환경과 친하게
잘 어울리는 농사 방법

👋 빈 곳에 알맞은 글자와 단어를 쓰고, 설명 글에서 글자의 뜻을 찾아 ○표 하세요.

	친구		가깝게 오래 사귄 사람
	척		촌수가 가까운 혈연 관계에 있는 사람
	절		사람을 대하는 태도가 친하고 부드러움.
	환경		자연 그대로의 환경과 친하게 잘 어울림.

✏️ 오늘 배운 단어를 넣거나 활용해 문장을 완성해 보세요.

보기   친구   친척   친절   친환경

• 내가 힘들고 우울할 때 위로를 건네준 [ ]의 말을 잊을 수가 없다.

• 최근에는 오염 물질 배출을 줄인 [ ] 전기 자동차가 많이

생산되고 있다.

| 말투
친절
상냥 | _____ |
| 명절
친척
용돈 | _____ |

👆 아래 글을 읽고 '친하다'의 뜻을 가진 '친'이 들어 있는 단어 5개를 찾아 ○표 하세요.

국주가 엄마랑 마트에서 장을 보면서 말했다.

"엄마, 엄마! 오늘 새로운 **친구**가 전학 왔는데 첫날부터

엄청 **친절**하고 애들이랑 잘 지내. 나처럼 **친화력**이 정말 좋은가 봐."

"응. **친환경** 인증 마크 있는 콩나물로 골라 봐."

"엄마, 내 말 듣고 있어?"

"응, 듣고 있어. 두부도 친환경으로 골라 와라."

"**친애**하는 김여사님, 제 이야기 정말 듣고 있는 거 맞을까요?"

"응, 듣고 있다는데 왜 자꾸 물어봐. 참, **키친타월**도 사야 하는데.

그래서 친구 이름은 뭐야?"

"아, 이름? 까먹었다. 내일 알려 줄게."

👆 '친'으로 시작하는 단어 5개를 쓰면 보물 상자를 열 수 있어요. 도전해 볼까요?

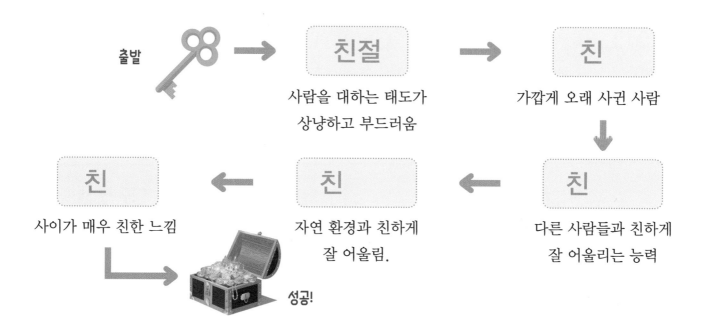

출발 🔑 →

친절
사람을 대하는 태도가
상냥하고 부드러움

→

친
가깝게 오래 사귄 사람

↓

친
다른 사람들과 친하게
잘 어울리는 능력

←

친
자연 환경과 친하게
잘 어울림.

←

친
사이가 매우 친한 느낌

↓

성공!

27일

사귈 교

사귈 교 交

뜻　　　소리　　　한자

'사귀다', '오고 가다', '바꾸다'와 관련된
단어에 쓰이고 '교'라고 읽어요.
한자 교(交)는 다리를 꼬고 있는 사람의
모습을 닮았어요.

사귈 교	사귈 교

• 흐린 글자를 따라 써요.

118

1 글자 만나기

☞ 아래 단어에 공통으로 들어가는 글자를 찾아
○표 하고, 왼쪽의 빈칸에 적어 보세요.

교우

친구를 사귐,
또는 그 친구

교류

문화나 사상 등이
서로 오고 감.

교통

탈것을 이용하여
오고 가는 일

교체

사람이나 사물을
서로 바꿈.

'사귀다', '오고 가다', '바꾸다'의 뜻이 있는 '교'가 들어간 단어들입니다.
'교'를 찾아 ○표 하고, 단어의 뜻을 알아보세요.

교제

서로 사귀어 가까이 지냄.

교감

서로의 사이에 오가는 느낌

교역

나라와 나라 사이에
물건이 서로 오고 감.

국교

나라와 나라 사이에
오고 가는 관계

교통수단

교통에 사용하는 수단

교통대란

교통이 심하게
이루어지지 않는 일

교환

서로 바꿈.

교대

어떤 일을 여럿이 나누어서
차례를 바꾸어 가며 함.

3 뜻 익히기

💬 빈 곳에 알맞은 글자와 단어를 쓰고, 설명 글에서 글자의 뜻을 찾아 ○표 하세요.

	글자	단어	설명
	교우		친구를 사귐, 또는 그 친구
	류		문화나 사상 등이 서로 오고 감.
	통		탈것을 이용하여 오고 가는 일
	체		사람이나 사물을 서로 바꿈.

💬 오늘 배운 단어를 넣거나 활용해 문장을 완성해 보세요.

보기   교우   교류   교통   교체

• 인터넷의 발달로 전세계의 문화를 활발하게 [   ] 하는 것이 가능해졌다.

• 후반전에서 선수가 [   ] 되면서 전술이 바뀌었다.

이성
교우
생각
_____

퇴근길
교통
혼잡
_____

120

👆 아래 글을 읽고 '사귀다', '오고 가다', '바꾸다'의 뜻을 가진 '교'가 들어 있는
단어 5개를 찾아 ○표 하세요.

예전부터 **교통**이 발달한 곳에서 사람들의 **교류**가 활발히 이루어졌습니다.
여러 지역의 사람들이 모여 각자 필요한 물건을 **교환**하기도 하고,
새로운 사람들을 만나고 **교제**하는 장소가 되기도 했어요.
나라와 나라 사이도 마찬가지예요. 교통이 편리한 중간 지점에서
다른 나라와 서로 필요한 물건을 사고 파는 **교역**이 이루어졌어요.
지금은 인터넷의 발달로 어디에서나 손쉽게 다른 나라의 문화를
접할 수 있게 되었어요. 우리 학교 **교실**에서 아프리카의 **종교** 행사를
찾아보는 것도 전혀 어렵지 않은 일이 된 것이지요.

✏ '교실', '종교'의 '교'는 '가르치다'의 뜻입니다.

👆 소리는 같지만 뜻이 다른 한자가 있어요. 단어를 4개씩 알맞은 상자에 연결해 보세요.

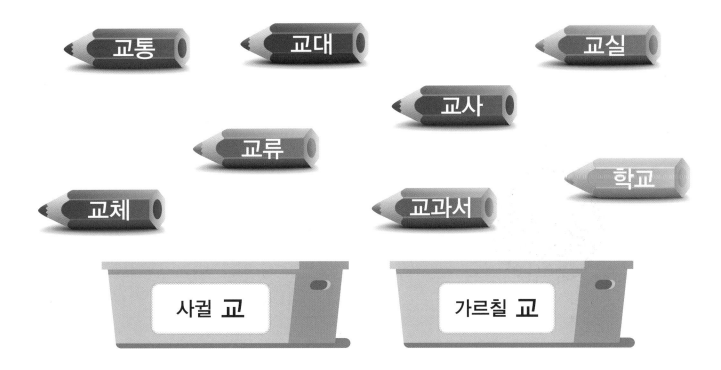

교통   교대   교실

교사

교류

학교

교체   교과서

사귈 **교**   가르칠 **교**

번개 전

아래 단어에 공통으로 들어가는 글자를 찾아
○표 하고, 왼쪽의 빈칸에 적어 보세요.

번개	전	電
뜻	소리	한자

'번개', '전기'와 관련된 단어에 쓰이고
'전'이라고 읽어요.
한자 전(電)은 비구름 사이로 번개가
내리치는 모습을 닮았어요.

번개 전	번개 전

• 흐린 글자를 따라 써요.

무전기

무선 전신이나
무선 전화에 쓰는 기계

전기

전자, 이온의
움직임으로 생기는
에너지

전류

전기가 흐르는
현상이나 그 정도

발전

전기를 일으킴.

'번개', '전기'의 뜻이 있는 '전'이 들어간 단어들입니다.
'전'을 찾아 ○표 하고, 단어의 뜻을 알아보세요.

전선
전기가 흐르는 선

전화
전화기를 통해 사람들끼리
말을 주고 받음.

가전
가정에서 사용하는 전기 기구

전구
전류를 통하여 빛을 내는 기구

전원
전기 콘센트와 같이
기계에 전류가 오는 원천

전극
전기가 들어가고 나오는 곳

발전기
운동 에너지나 위치 에너지를
전기로 바꾸는 기계

정전
오던 전기가 끊어짐.

3 뜻 익히기

○ 빈 곳에 알맞은 글자와 단어를 쓰고, 설명 글에서 글자의 뜻을 찾아 ○표 하세요.

	무전기		무선 전신이나 무선 전화에 쓰는 기계
	기		전자, 이온의 움직임으로 생기는 에너지
	류		전기가 흐르는 현상이나 그 정도
	발		전기를 일으킴.

○ 오늘 배운 단어를 넣거나 활용해 문장을 완성해 보세요.

보기   무전기   전기   전류   발전

• 태양광 [   ]은 태양열을 이용해 전기를 일으키는 것으로 오염 물질이 발생하지 않는다는 장점이 있다.

• 전력 부족으로 [   ]가 10분 동안 끊어지는 정전 사태가 일어났다.

무인도 무전기 구조	_____
콘센트 전류 물	_____

🖊 아래 글을 읽고 '번개', '전기'의 뜻을 가진 '전'이 들어 있는 단어 6개를 찾아 ○표 하세요.

저녁 식사 시간에 갑자기 불이 나가자 엄마가 말했다.

"앗, 갑자기 **전기**가 다 나갔어. **가전제품** 모두 **전원**이 꺼졌는데,

무슨 일이지?"

아빠가 관리실에 문의해 보더니 우리를 안심시켜 주었다.

"일시적으로 아파트에 전원이 차단됐나 봐. 집 **전화**도 잠시 안 될 거래.

곧 임시 **발전기**가 작동할 거니까 너무 걱정하지 마."

"다시 불 켜졌다!"

"우아, 잠깐 **정전**된 건데 진짜 무섭다. 앞이 **전혀** 보이지 않았어."

"그러게, 진짜 무서웠어."

🖊 '전기'의 뜻을 가진 단어는 불 켜진 전구, 그렇지 않은 단어는 불 꺼진 전구에 연결해 보세요.

전류   무전기   전쟁

전날   전혀

전철

태양광 발전   전부

나눌 분

나눌 분 分
뜻　소리　한자

'나누다'와 관련된 단어에 쓰이고
'분'이라고 읽어요.
한자 분(分)은 칼로 사물을 두 개로 나눈
모습을 닮았어요.

| 나눌 분 | 나눌 분 |

• 흐린 글자를 따라 써요.

1 글자 만나기

✍ 아래 단어에 공통으로 들어가는 글자를 찾아
○표 하고, 왼쪽의 빈칸에 적어 보세요.

A성분　B성분

성분
전체를 구성하는
한 부분

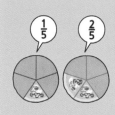

$\frac{1}{5}$　$\frac{2}{5}$

분수
어떤 수를 다른 수로
나눈 것을 분자와
분모로 나타낸 것

분류
여럿을 종류에 따라
나눔.

분해
결합되었던 것을
그 낱낱으로 나눔.

💧 '나누다'의 뜻이 있는 '분'이 들어간 단어들입니다.
'분'을 찾아 ○표 하고, 단어의 뜻을 알아보세요.

부분
전체를 여러 개로
나눈 것 가운데 하나

대부분
전체에 가까운 정도로 많은 부분

가분수
분자가 분모와 같거나 큰 분수

단위분수
분자가 1인 분수

구분
어떤 기준에 따라 전체를
몇 개의 부분으로 나눔.

분담
일이나 책임 등을 나누어 맡음.

분해자
죽은 생물체나 동물의
배설물을 분해하는 미생물

분리
서로 나뉘어 떨어짐.

3 뜻 익히기

📝 빈 곳에 알맞은 글자와 단어를 쓰고, 설명 글에서 글자의 뜻을 찾아 ◯표 하세요.

성분		전체를 구성하는 한 부분
수		어떤 수를 다른 수로 나눈 것을 분자와 분모로 나타낸 것
류		여럿을 종류에 따라 나눔.
해		결합되었던 것을 그 낱낱으로 나눔.

📝 오늘 배운 단어를 넣거나 활용해 문장을 완성해 보세요.

보기   성분   분수   분류   분해

• 컴퓨터를 [   ] 했다가 다시 조립하니 작동하지 않았다.

• 이 영양제의 어떤 [   ] 때문에 우리 뼈에 좋다고 하는 걸까?

재활용
분류
종이   _____

분수
분모
분자   _____

📝 아래 글을 읽고 '나누다'의 뜻을 가진 '분'이 들어 있는 단어 4개를 찾아 ○표 하세요.

한바탕 모둠 활동을 마치고 선생님이 말했다.

"아이고, 교실이 너무 **너저분**해졌구나.

각자 역할을 **분담**해서 정리해 보자.

하나야, 너는 색종이를 색깔별로 **분류**해서 상자에 넣어 줄래?

두나야, 너는 완성된 블록을 **분해**한 다음에 모양별로 정리하자.

세나야, 공깃돌 **대부분**이 바닥에 흩어져 있구나. 모아서 공깃돌 주머니에 넣자.

바닥에 떨어진 연필, 지우개들은 **분홍색** 통에 넣어 둘게.

잃어버린 친구들은 찾아가라."

하나, 두나, 세나는 각자 분담한 대로 **고분고분** 물건들을 정리했다.

📝 단어를 보고 알맞은 뜻을 찾아 연결해 보세요.

| 분 류 | • | • | 전체를 여러 개로 나눈 것 가운데 하나 |

| 분 담 | • | • | 일이나 책임 등을 나누어 맡음. |

| 분 해 | • | • | 여럿을 종류에 따라 나눔. |

| 부 분 | • | • | 결합되었던 것을 낱낱으로 나눔. |

놓을 고

놓을 고 高

뜻	소리	한자

'높다', '크다'와 관련된 단어에 쓰이고
'고'라고 읽어요.
한자 고(高)는 종을 쳐서 시간을 알리는
종각의 모습을 닮았어요.

놓을 고	놓을 고

• 흐린 글자를 따라 써요.

1 글자 만나기

👋 아래 단어에 공통으로 들어가는 글자를 찾아
○표 하고, 왼쪽의 빈칸에 적어 보세요.

최고

정도가 가장 높음.

고속

매우 빠른 속도

등고선

지도에서 높이가
같은 곳끼리 연결한
곡선

고령화

사회에서 나이 많은
노인 인구 비율이
높아지는 것

💡 '높다', '크다'의 뜻이 있는 '고'가 들어간 단어들입니다.
'고'를 찾아 ○표 하고, 단어의 뜻을 알아보세요.

고등
상대적으로 높은 수준이나 등급

고급
품질, 지위, 수준 따위가 높음.

고속도로
차의 빠른 통행을 위해
만든 도로

고속철도
빠른 속도로 운행되는 철도

고지대
높은 구역이나 지역

고원
높은 곳에 있는 넓은 벌판

고령자
나이가 많은 사람

최고령
어떤 집단에서 가장 많은 나이

🖊 빈 곳에 알맞은 글자와 단어를 쓰고, 설명 글에서 글자의 뜻을 찾아 ○표 하세요.

	최고		정도가 가장 높음.
	속		매우 빠른 속도
	등 선		지도에서 높이가 같은 곳끼리 연결한 곡선
	령화		사회에서 나이 많은 노인 인구 비율이 높아지는 것

🖐 오늘 배운 단어를 넣거나 활용해 문장을 완성해 보세요.

보기   최고   고속   등고선   고령화

• 지도에서 높이가 같은 선끼리 연결한 [   ]의 모양을 보고 땅의

   높낮이를 가늠할 수 있다.

• 평균 수명의 연장과 출산율 감소로 [   ] 속도가 빨라지고 있다.

고속
열차
생활권

_____

제기차기
최고
기록

_____

💫 아래 글을 읽고 '높다', '크다'의 뜻을 가진 '고'가 들어 있는 단어 5개를 찾아 ○표 하세요.

지원이가 오랜만에 만난 사촌 형을 올려다보며 말했다.

"형, 이번에 고등학생 된 거지? 우리 중에 최고령이다."

"그래. 꼬마는 저리 가라. 이 최고령 어른은 고민이 좀 있으니까."

"형도 고민이 있구나.

나는 고양이 키우고 싶은데 엄마가 못 키우게 해서 고민인데!"

"귀엽다, 귀여워. 형은 학원에서 고급반으로 올라가야 하는 게 고민이다."

"고급반에 최고 예쁜 누나가 있나 본데? 오호~"

"너, 맞을래? 잡히기 전에 고속으로 달아나라, 응?"

✏ '고민', '고양이'에는 '높다'의 뜻이 없습니다.

💫 '높을 고'가 들어 있는 단어를 모두 찾아 지나가며 도착점으로 가요.

🖋 아래에서 같은 뜻의 한자가 쓰인 단어 5개를 찾아 ○표 하고, 뜻과 소리를 적어 보세요.

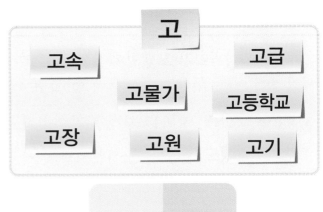

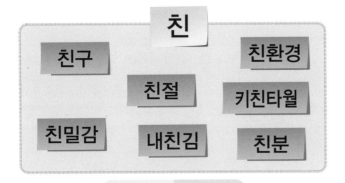

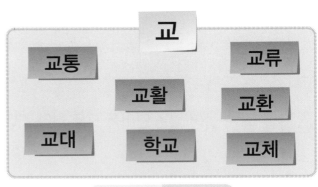

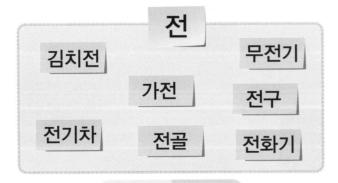

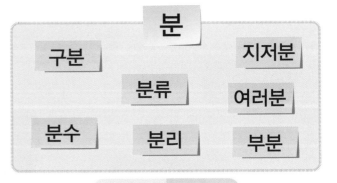

전체 복습

● 다음 단어에 공통으로 들어가는 글자에 ○표 하고, 빈칸을 채워 보세요.

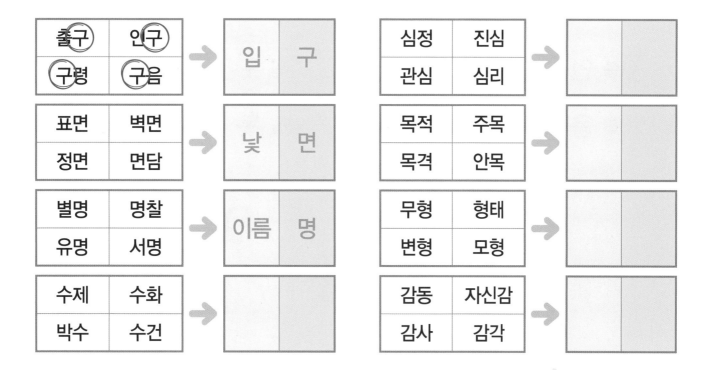

출구	인구
구령	구음

→

입	구

표면	벽면
정면	면담

→

낯	면

별명	명찰
유명	서명

→

이름	명

수제	수화
박수	수건

→

심정	진심
관심	심리

→

목적	주목
목격	안목

→

무형	형태
변형	모형

→

감동	자신감
감사	감각

→

● '의식주'와 관련된 단어가 있는 곳을 지나 미로를 통과해 보세요.

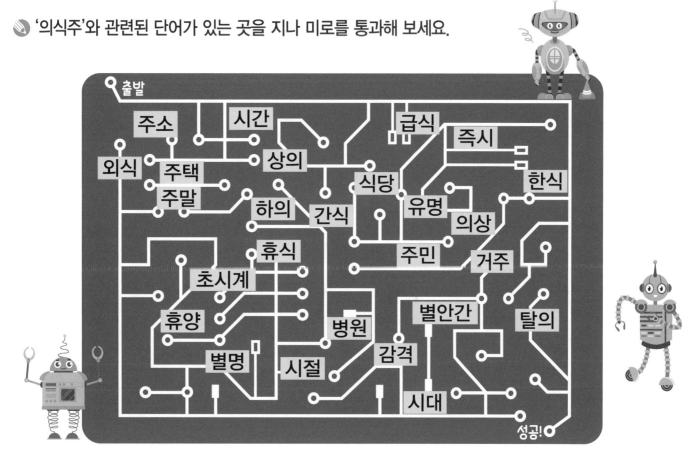

🖐 아래의 글자와 지도 속 글자를 연결해 단어를 2개씩 만들어 보세요.
글자는 여러 번 사용할 수 있어요.

말씀 **언**　　언어　　　　　　그림 **도**　　도표

소리 **음**　　　　　　　　　　읽을 **독**

마당 **장**　　　　　　　　　　집 **실**

배울 **학**　　　　　　　　　　모을 **집**

🖐 요일마다 정해진 한자가 들어간 단어를 배우려고 해요. 맞지 않은 단어를 하나씩 골라 X표 하세요.

일 새 신	월 옛 고	화 친할 친	수 사귈 교	목 번개 전	금 나눌 분	토 높을 고
29	30	31	1 교통	2 전기	3 분수	4 고~마
5 신선	6 고양이	7 친구	8 교류	9 발전기	10 부분	11 고속
12 굽신	13 중고	14 키친	15 교역	16 전동	17 지저분	18 고령화
19 신문	20 고궁	21 화친	22 칠교	23 전봇대	24 분리	25 고등학교
26 신세계	27 고분	28 친목	29 교제	30 주전자	1	2
암호 이	도	제	휘	왕	어	나

🖐 X표 한 단어 맨 아랫줄의 암호를 날짜 순서대로 써 보세요.

| 나 | 도 | | | | | |

찾아보기 가나다

10–11쪽

14–15쪽

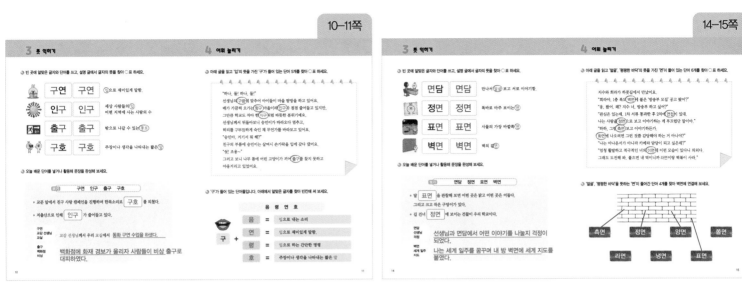

18–19쪽

22–23쪽

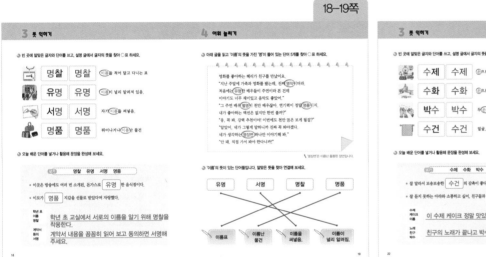
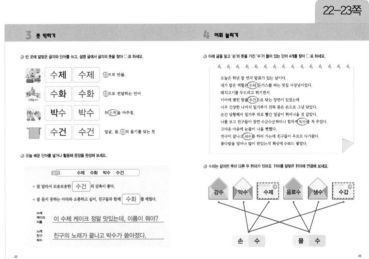

26–27쪽

30–31쪽

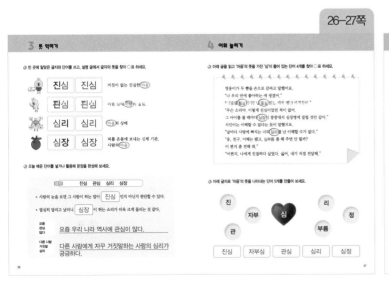
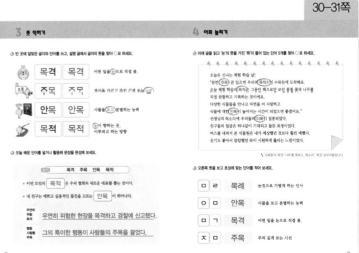

정답

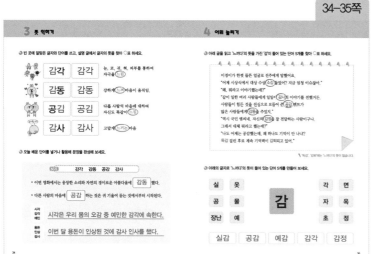

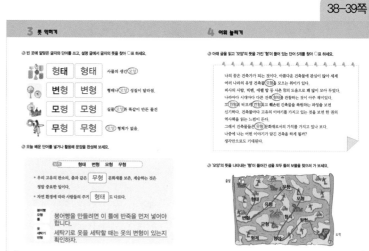

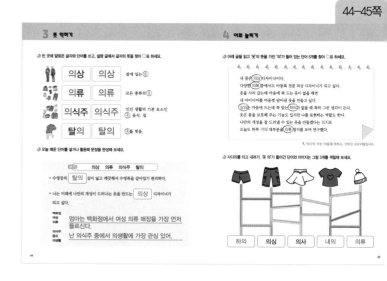

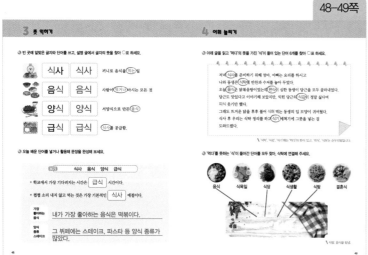

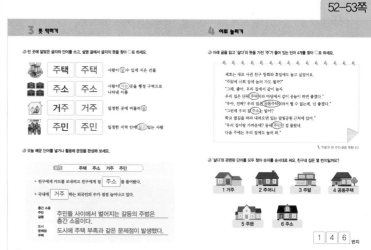

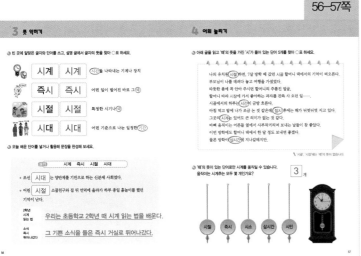

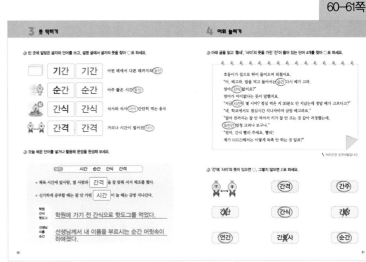

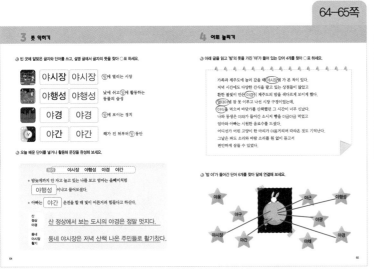

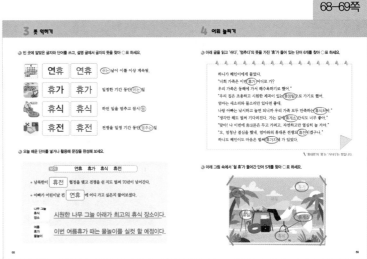

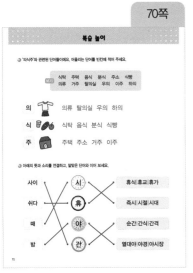

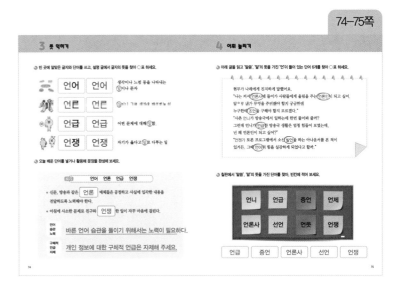

정답

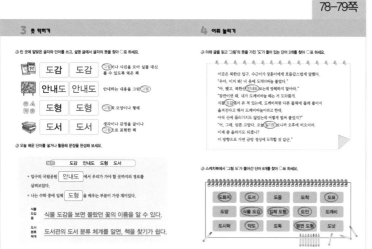

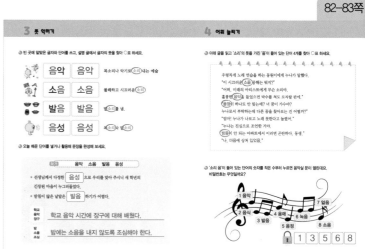

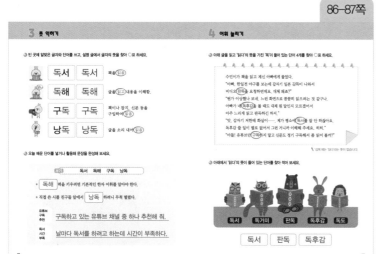

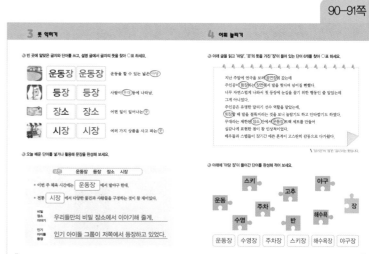

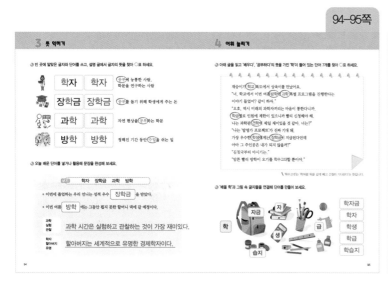

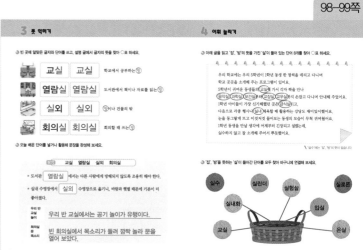

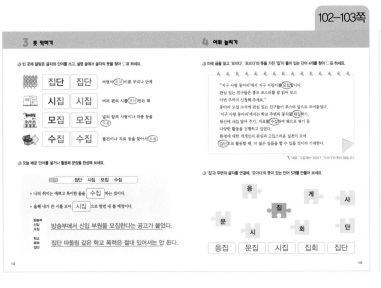

102-103쪽

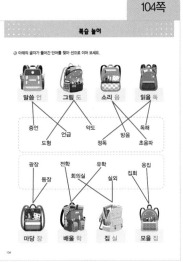

104쪽

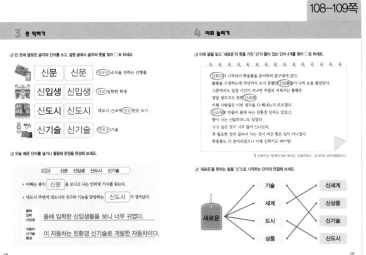

108-109쪽

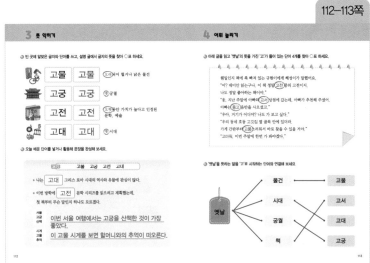

112-113쪽

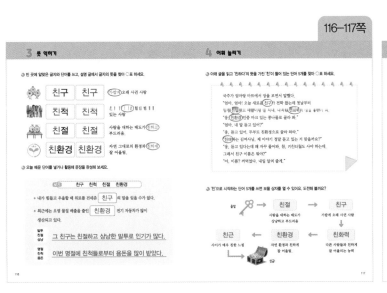

116-117쪽

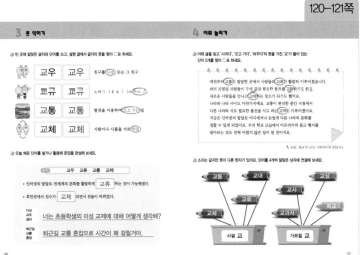

120-121쪽

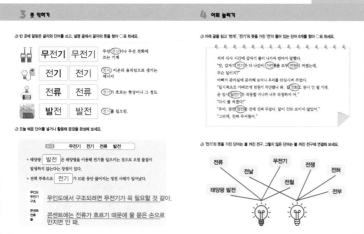

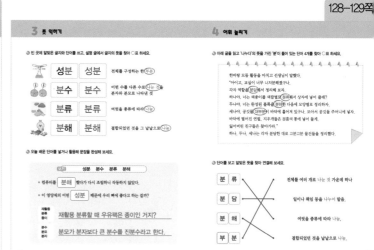

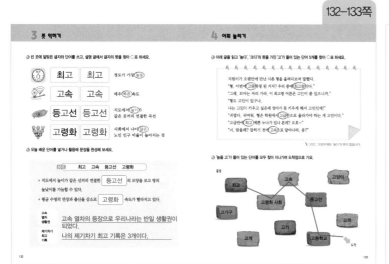

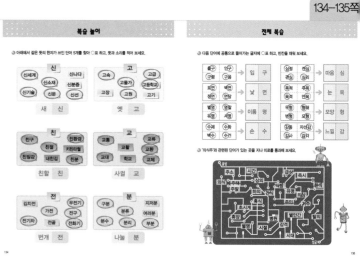

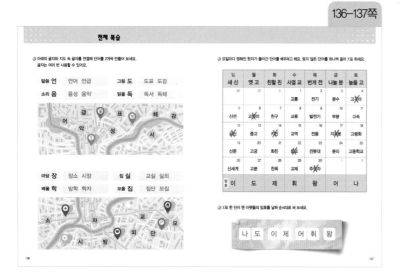